杨明欢 ◎著

新时代

名教师工作室：

教育实践共同体创新发展
与范例剖析

SPM
南方传媒 | 新世纪出版社
·广 州·

图书在版编目（CIP）数据

新时代名教师工作室：教育实践共同体创新发展与
范例剖析 / 杨明欢著. -- 广州：新世纪出版社，2025.
ISBN 978-7-5583-4528-9

Ⅰ. G40

中国国家版本馆CIP数据核字第2025B8J708号

出 版 人：陈志强
责任编辑：杨 红 黄锐媚
责任校对：庄淳楦 黄鸿生
责任技编：陈静娴

XINSHIDAI MINGJIAOSHI GONGZUOSHI: JIAOYU SHIJIAN GONGTONGTI CHUANGXIN FAZHAN YU FANLI POUXI

新时代名教师工作室：教育实践共同体创新发展与范例剖析

出版发行：新世纪出版社
（广州市越秀区大沙头四马路12号2号楼）
印 刷：东莞市翔盈印务有限公司
（东莞市东城街道莞龙路东城段129号）
规 格：787 mm × 1092 mm
开 本：16
印 张：11.25
字 数：295千
版 次：2025年3月第1版
印 次：2025年3月第1次印刷
定 价：68.00元

质量监督电话：020-83797655 购书咨询电话：020-83781537

序

　　名教师工作室的兴起在中国教育领域仅有短短20多年，然而，其相关理论与实践研究却取得了迅猛的发展。除港澳台地区外，名教师工作室在我国各级各类学校如雨后春笋般蓬勃兴起，其建设也成为我国教育科学研究领域的一个新兴、富有生命力的研究课题。在这个背景下，广东省教育厅事务中心杨明欢老师的新著《新时代名教师工作室——教育实践共同体创新发展与范例剖析》为这一新兴课题贡献了实践智慧和初步的理论思考。

　　我个人首次接触"名教师工作室"这一概念是在2009年，当时我接受了广东省教育厅的委托，负责起草广东省名教师工作室建设和省级骨干教师培训方案。这是一项具有挑战性的任务，因为当时可供参考的文献和实践案例非常有限。幸运的是，当年我完成的大约2万字的建设方案得到了省教育厅教师继续教育指导中心领导的高度认可，并成为2010年广东省第一批省级名教师工作室建设的指导方案，现在仍然在使用的"四主四环"模式就是从这个方案中衍生而来的。正因为这个机缘，我的研究兴趣也由原本的学科教育转向了跨学科的教师教育，跳出了一直以来的生物教学和科学教育范畴，将更多的精力投入到了教师专业发展的研究。

　　关于名教师和名教师工作室建设，我曾在接受《中国教育报》和《教育家》等媒体的采访时，分享了一些思考和观点，主要观点如下。

一、名教师工作室是教师专业成长的新模式

　　第一，名教师工作室在引领教师专业发展上提供了新的路径。传统的

教师专业成长多依赖于个人的摸索和学校的培训，而名教师工作室提供了一个更加系统、专业的成长平台。名教师工作室主持人作为领域的佼佼者，通过自身的实践经验和深厚的专业素养，为其他教师在专业发展上提供了引领和示范。这种引领有助于提升教师的教学技能，更新教育理念，拓展教育视野，使教师在专业成长的道路上方向更加明确，前行更加高效。

第二，名教师工作室在促进教育优质均衡发展上展现了新的作为。工作室成员不仅关注自身的专业成长，更将目光投向了教育的全局和长远发展。他们铭记教育公平的准则，关爱教育弱势群体，投身乡村教育振兴，推动教育普及惠民。这种跨区域的、面向全体学生的教育均衡发展思路，是名教师工作室区别于传统教师专业成长模式的一大亮点。它使得优质教育资源得以更广泛地共享，让更多学生享受到高质量的教育。

第三，名教师工作室在推动教育创新发展上扮演了新的角色。工作室成员积极响应教育改革的号召，以启智润心、因材施教的育人智慧，更新教育观念、创新人才培养模式。他们重视教育新质生产力的提升，不断探索新的教育方式，为教育现代化提供有力的师资保障。这种勇于创新、敢于尝试的精神，使得名教师工作室成为推动教育创新发展的重要力量。

第四，名教师工作室在践行教育家精神上树立了新的标杆。名教师工作室主持人及成员以教育家精神为指引，坚守立德树人的初心，致力于培养更多优秀人才。他们不仅关注教学技能的提升，更注重师德师风的培养和传承。他们用自己的实际行动诠释了教育家的责任和担当，为其他教师树立了榜样。

二、名教师工作室面临管理和效能的挑战

一方面，管理层面上的挑战不容忽视。名教师工作室作为一个新兴的教育组织形式，其组织架构、人员配置和资源整合等都亟待完善。清晰的组织架构和明确的成员职责是确保工作室高效运转的关键。同时，名教师工作室还需与学校、区域教育部门等外部机构建立紧密的沟通和合作机制，以实现资源的有效整合和优势互补。

另一方面，效能层面上的挑战同样突出。由于成员的专业素养和教学能力存在差异，名教师工作室需要提供有针对性的培训和指导，以提升整体的教学和研究水平。此外，名教师工作室还需不断创新活动内容和形式，以满足教师的成长需求和教育改革的要求。但是受限于资源和时间等因素，名教师工作室难以充分发挥其应有的作用。

因此，如何加强管理和提升效能成为当前名教师工作室面临的重要课题。在名教师工作室的建设过程中，应将立德树人作为核心理念，以服务学校和区域学科教育发展为核心任务。同时，也需要得到更多的顶层设计和支持，建立科学有效的机制和制度，为名教师工作室提供持续的内外部动力和支持，确保其影响力的充分发挥。

三、名教师的专业发展需要借助外部推动

名教师的进阶阶段是成为"教育家型教师"。但名教师的专业发展不能仅依赖于自然成长，还必须借助外部的推动，以提高名教师培养的速度和规模。从外部因素来看，创造激励性的环境和完善的管理机制至关重要。我认为，至少可以在以下四个方面作出努力。

（一）打造高质量的专业实践共同体

需要创建一种相互协作和相互促进的成长环境，既要有共同的愿景，又要有个体的责任感。名教师作为共同体的总牵头人，为他们提供展示专业能力的舞台。

（二）加强名教师培养的进口和出口管理

名教师的选拔条件和方式，确保只有具备一定素质和潜力的教师才能够进入名教师培养计划。同时，对于名教师的考核标准应该更加严格，明确考核结果的实际效益。

（三）建立中期退出机制

鉴于名教师培养的资源有限，需要建立中期退出机制。那些基础不扎实、动力不足或没有培养潜力的名教师培养对象应该在一定时段内接受评估，以决定是否继续培养。

（四）优化名教师培养的专业机构和专家团队

应该重视名教师培养的培训机构和专家团队的质量。实行首席专家制和双导师制，同时教育主管部门应该对培训者（包括机构和个人）的资质和绩效进行严格的过程检查和终期考核。

因此，名教师工作室建设是中国教育领域的一项重要举措，它为教师的专业成长、名教师资源的共享和教育领域的发展提供了新的路径和机遇。同时，我们也需要持续探索和改进，以更好地发挥名教师工作室的潜力，促进教育事业的不断前进。

杨明欢老师的这本新著基于省级名教师工作室主持人的立场，分享了他在名教师工作室建设方面的一些实践和源于实践的思考。该书主要包括两个部分：

第一部分：作者探讨了名教师工作室的含义、目标、组成，以及基于教育实践共同体内涵的名教师工作室架构与运行机制等问题。

第二部分：作者分享了自己主持的名教师工作室的创新发展策略、研修活动以及取得的成效。

这本书内容丰富，充满实践智慧和教育情怀，无论是名教师工作室还是教师个人，都可以从中获益匪浅。

总之，"有教无研难以发展，有研无教是空谈，研教结合天地宽"，这是我在30多年的教育生涯中一直秉承的座右铭。我衷心希望与本书的读者共同努力，共勉之，为教育事业的不断前进贡献力量！

胡继飞（全国名师工作室品牌建设论坛秘书长、广东第二师范学院科学教育研究所所长、教授）

前言

　　教育实践共同体是中国教育改革中的一个重要理念，其发展与中国教育改革的背景和人才培养的需求密切相关。本书深入探讨了新时代名教师工作室在教育实践共同体理念基础上的创新发展，通过对范例的剖析，介绍了其在教育领域中所具备的独特价值。

　　本书的内容包括：名教师工作室的定义与特点，教育实践共同体的内涵，基于教育实践共同体理念的名教师工作室的构建，广东省杨明欢名教师工作室教育实践共同体的创新发展策略，广东省杨明欢名教师工作室教育实践共同体的成员研修活动及成果等。

　　第一章详细介绍名教师工作室的定义，明确其目标与作用，探讨工作室的组成要素，并深入分析目前名教师工作室的发展现状和面临的问题。

　　第二章全面解析教育实践共同体的内涵，探讨其核心理念以及在中国教育体系中的可行性和适用性，尤其是在解决名教师工作室问题方面的潜力。

　　第三章详细描述如何基于教育实践共同体理论，重新构建名教师工作室的框架和机制，以适应新时代的教育需求。

　　第四章侧重介绍广东省杨明欢名教师工作室教育实践共同体所采取的具体创新发展策略，包括合作模式、资源整合、教育技术应用等方面的实践。

　　第五章详细描述广东省杨明欢名教师工作室教育实践共同体的教师成员如何开展专业研修活动，以及他们所取得的成果和对教育的贡献等。

　　这本书旨在为教育界提供一个深入了解名教师工作室及其在新时代基于教育实践共同体理念下的建设和发展的视角，以促进教育改革的不断前进。

目 录
CONTENTS

第一章 **名教师工作室**

一、名教师工作室的内涵 ················· 2

二、名教师工作室的作用 ················· 4

三、名教师工作室的组成 ················· 8

四、名教师工作室的建设与分析 ·········· 11

五、改进的措施与方法 ·················· 14

第二章 **教育实践共同体**

一、共同体 ·························· 18

二、实践共同体 ······················ 21

三、教育实践共同体 ·················· 23

四、教育实践共同体的理论基础 ·········· 27

五、教育实践共同体的建设 ············· 29

第三章 **基于教育实践共同体理念的名教师工作室构建**

一、名教师工作室教育实践共同体的内涵 ·········40

二、名教师工作室教育实践共同体的构建原则 ·········43

第四章 名教师工作室教育实践共同体的创新发展策略 ❮

一、创新运行结构：名教师工作室教育实践共同体的基础 ⋯⋯50

二、确立共同愿景：促进素养本位的教学实践深度实施 ⋯⋯⋯52

三、优化成员组成：推动教师教育教学能力的分层提升 ⋯⋯⋯91

四、完善机制建设：保障工作室教育实践共同体组织运行 ⋯⋯99

五、文化构建：唤醒教师成员自主专业成长的内生动力 ⋯⋯ 124

六、"互联网+"：促进教师成员快速融入教育实践共同体 ⋯ 128

第五章 教师成员专业研修活动及成果 ❮

一、混合式研修：多维度培养学员 ⋯⋯⋯⋯⋯⋯⋯⋯⋯⋯ 136

二、从问题到课题：促进教师教育科研能力提升 ⋯⋯⋯⋯ 156

三、成绩成效：学员成就显著 ⋯⋯⋯⋯⋯⋯⋯⋯⋯⋯ 158

/ 第一章 /

名教师工作室

一、名教师工作室的内涵

1. 名教师工作室的定义

名教师工作室是由在教学领域造诣较高、工作经验丰富、师德高尚、在教育改革方面有重要贡献的杰出教师成立的开放式教育教学研究平台，工作室以名师本人姓名及其教学特色命名，由同一专业领域及相近专业领域的优秀骨干教师、学科带头人、教学能手等组成。名教师工作室是中国教育改革中的一项重要举措，旨在贯彻落实中共中央、国务院关于全面深化新时代教师队伍建设改革的有关部署要求，其主要目标是促进中小学教师的专业成长和教育教学水平的提高。

名教师工作室鼓励杰出教师提供示范性教学、交流研讨、经验分享等支持和帮助，推动其他教师的教育教学能力提升。通过学科专业发展、课程教学改革和教育教学研究等方式，名教师工作室共同探索、研究、创新教育教学模式，助力提高教育教学质量，促进教师的专业成长和素质提高。

2018年，教育部、国家发展改革委、财政部、人力资源和社会保障部以及中央编办联合颁布了《教师教育振兴行动计划（2018—2022年）》，该计划明确指出要实施中小学名师名校长领航工程，旨在培养和塑造一批在基础教育领域具有显著社会影响力且能发挥示范引领作用的领军人才。同时，计划还强调要组建中小学名师工作室、特级教师流动站等，以充分发挥教研员、学科带头人、特级教师以及高技能人才在师范生培养和在职教师常态化研修中的核心作用，推动教师队伍的整体素质提升和专业发展。

名教师工作室也被视为优秀教师提升职称、评选荣誉的重要标志之一。广东省在全省范围内推广省、市、区级的名教师工作室、名校（园）长工作室、名班主任工作室等，将其作为教师职称评定的重要依据之一；浙江省则将名教师工作室纳入省级教育质量奖的评选标准之中。名教师工作室为优秀教师提供更多的发展机会和展示平台，为教育教学质量的提升和教师队伍建设做出了积极的贡献，为教育改革和发展注入了新的活力和动力。

2. 名教师工作室的特征

名教师工作室作为一个教师专业发展和教育教学改革的平台，具有以下典型特征：

（1）高水平师资团队。名教师工作室的核心特征是具有在教育教学方面经验丰富、成绩优秀的杰出的高水平师资团队。他们在教学实践中取得了显著的成绩，并在教育研究和教学改革方面有着深入的思考和卓越的贡献。作为工作室的领军人物，他们担任着指导、支持和示范的角色，引领其他教师不断提升教学水平和专业素养。

（2）聚焦教育教学研究。名教师工作室的主要任务之一是聚焦教育教学研究，特别是针对学科教学和教育改革等领域的研究。工作室成员通过深入的课堂观察、教学实践、课题研究等方式，探索和总结教学问题的解决方案，促进教学方法和教学内容的创新。

（3）支持教师专业发展。名教师工作室为教师的专业发展提供支持，包括组织各种培训、研讨活动、教学研讨会等，帮助教师不断学习、成长和进步。通过工作室，教师可以获得指导和反馈，了解最新的教育理念和方法，不断提高自身的专业素养和教学水平。

（4）促进教学资源共享。名教师工作室倡导教学资源共享。工作室成员之间分享教学方法、教学设计、教学案例等，促进教学经验的传承与交流。同时，名教师工作室也与其他学校、教育机构和社会组织合作，实现资源共享，拓展教学资源和实践的广度和深度。

（5）实践与研究相结合。名教师工作室强调教学实践与研究的相互结合。工作室成员在开展教学实践的同时，深入研究教学问题，通过理论和实践相结合，不断优化教学方法和教学设计。

（6）推动教育教学改革。名教师工作室积极参与推动教育教学改革。通过开展课题研究、教学改革实践，工作室能为学校和教育部门提供具有实践意义的教育教学改革方案，推动教育教学水平的不断提升。

（7）开放性与合作性。名教师工作室倡导具有开放性与合作性的教学观念。工作室鼓励成员之间互相学习、互相交流，支持学科之间的交叉融合，通过开放的合作和互动，提升整个团队的教学水平和创新能力。

这些特征使得名教师工作室成为一个促进教师专业成长和教育教学进步的重要平台，平台对提高教育质量和培养优秀人才起到了积极的推动作用。

二、名教师工作室的作用

1. 名教师工作室的时代使命

名教师工作室作为教师专业发展和教育教学改革的重要平台，需要紧密围绕教师的时代使命进行建设和发展。

第一，教师的使命是为党育人、为国育才。教师应成为社会主义核心价值观的践行者，引导学生树立正确的世界观、人生观和价值观，培养爱国主义情怀和民族精神。名教师工作室的师资团队应以身作则，提高自身的思想政治素质和个人修养，树立良好榜样。

第二，教师要贯彻党和国家的教育方针，践行立德树人的根本任务。工作室的师资团队应当以学生为本，关心学生的成长和发展，潜心教书育人，全面提高学生的素质和能力。同时，名教师工作室成员要不断提高自身的教育教学水平，以优质的教学成果和教育教学改革成果回报社会。

第三，教师要传承和弘扬中华优秀传统文化和社会主义先进文化。工作室的师资团队应当注重培养学生的文化自信，让学生深刻理解和认同中华民族的历史和文化，树立文化自信、历史自信和制度自信。

第四，教师要关心、爱护学生，尊重学生的基本权利和人格尊严。工作室的师资团队应积极培养学生的自主学习和思考能力，引导学生在充分发展个性的同时，增强团队合作精神，培养良好的社会交往能力。

第五，教师要适应时代要求和技术变革，不断更新教育观念和教学方法，积极参与教育教学改革，推动教育现代化。工作室成员应成为终身学习的倡导者和践行者，保持学习热情，不断提高自己的专业素养和能力。

综上所述，教师的时代使命是为国家培养德才兼备的人才，为建设社会主义现代化强国做出贡献。名教师工作室作为教师队伍中的重要组成部分，积极履行教育使命，为教师队伍的培养和教育教学质量的提高提供有力支持，且在培养有理想、有道德、有文化、有纪律的社会主义建设者和接班人的征程中发挥着重要的作用。

2. 名教师工作室的示范引领作用

有学者认为，名教师工作室的基本功能是"拓展名师自我发展空间、建立教师成长平台、开展学科教学示范、支撑学校不断发展、主持科研项目和提升学校影响力等"[①]。在名教师工作室中，杰出教师将扮演领导者、指导者和推动者的角色，组织和开展各种教育教学研究、课程设计、教材编写和教育教学改革等活动，同时也会接受其他教师的观摩和指导。通过这种方式，名教师工作室积极发挥其基本功能，使工作室成为既能促进"学徒"教师成长，又能促进"导师"教师的继续发展的重要平台。

具体任务包括：

（1）工作室的主持人为责任人，与入室学员共同制订培养方案，指导入室学员制订职业发展规划，规定双方职责及义务等。

（2）帮助入室学员剖析教育教学、专业发展等方面存在的主要问题，传授教育教学经验，指导开展课题研究。通过听课、磨课、讲学、论坛、网络交流等方式，指导入室学员。

（3）承担培训授课、教育帮扶、教学改革和各级培训项目的跟岗学习等相关任务。

（4）主持人以工作室为平台，积极参与规划、组织所在学校的校本研修和教师专业发展工作。工作室入室学员积极推动所在学校的校本教研和学

① 刘穿石."名师工作室"的解读与理性反思［J］.江苏教育研究，2010（30）：4-7.

科教学改革工作。

（5）推进智慧教育教学改革，在教育信息技术与学科教学融合方面发挥示范作用。

（6）培养骨干教师。工作室每周期培养8—10名骨干教师；工作室主持人和入室学员每人每周期至少与2名乡村中小学教师结成互助帮扶对子；建立网络工作室，开展协同研修，每个名教师工作室每周期培养省内外网络学员不少于100人。

通过开展以上任务，名教师工作室将促进教育教学经验的分享和交流，推动教育质量的提升，培养优秀人才，为我国的教育事业做出积极的贡献。名教师工作室作为教师专业发展的重要平台，将不断推动教育教学改革的深入发展。

3. 名教师工作室的教学研讨推进

名教师工作室是一个旨在提高教师教学能力和专业素养的组织，它的主要任务是通过教学研讨、教学实践和教学改革等方式，促进教师的专业成长和发展。教研组和备课组是名教师工作室建立的基础[①]，教学研讨是它的主要内容[②]。在名教师工作室中，教学研讨采用多种方式，包括听课、磨课、跟岗实践、交流研讨、课题指导以及举办读书分享会等。此外，名教师工作室还鼓励教师积极参与公开课、研究课、专题报告等活动，并撰写教学反思或案例分析等文章，以反思和分享教学经验，促进教师专业成长。

为了推动教师的专业发展和教育教学改革，名教师工作室组织教师参加省级及以上的学科教研活动，让教师融入学科研究的大家庭，拓展教学视野。工作室还鼓励教师参与支教活动和送教下乡活动，让教师深入基层学校，了解教育发展的实际情况，为教学实践提供更多的经验和启示。

名教师工作室通过网络学习和交流的方式，为教师提供便捷的学习平

---

① 徐新民，缪爱明. 名师工作室的长效管理运行机制［J］. 教育理论与实践，2012（26）：18-20.

② 武兴华. "名师工作室"内涵建设三要素［J］. 教学与管理，2012（4）：21-22.

台。教师可以在工作室的网络空间中发布教学资源，如课件、案例、教学方法、教学总结、学习心得、教学改革探讨等。同时，名教师工作室也组织集体网络研修活动，让教师在网络中相互学习、交流，并获取前沿的教育教学理念。

最后，名教师工作室强调加强与省内外名教师工作室的交流协作，深入推进教育教学改革。通过与其他工作室合作——共享教育资源、互相借鉴经验，名教师工作室可以不断完善自身，提高教师培养质量，同时也为教育教学改革和发展贡献力量。名教师工作室作为教师专业发展的重要平台，其有效的组织和丰富的学术交流将有助于推动教育事业的不断发展和进步。

4. 名教师工作室的研究价值发挥

教师工作室的研究价值在于其解决问题的能力。名教师工作室要"解决专项课题研究问题"[①]，甚至要"研究与攻关"[②]。为了实现这一目标，名教师工作室应专注于以下两项具体任务：

（1）研究教育课题。名教师工作室应当围绕品格教育、教育改革、教师专业发展等教育课题进行深入研究。名教师工作室要引导学员在每期的活动中开展教育研究，要求每个学员至少承担3个区、县级研究项目，并产生5个以上成果，这些成果包括但不限于教学成果奖、已发行的正式出版物等。通过科学的方法研究和深入的课题探讨，名教师工作室可以积累丰富的教育实践经验和教学改进策略，推动教师专业发展和教育教学水平的提升。

（2）提供建议。名教师工作室要密切关注教育教学中的热点、难点和焦点问题，开展基础教育调查研究，发现和提炼本校或本地区教育改革的先进经验和成功做法。通过对教育现状和问题的深入了解，名教师工作室可以为教育行政部门制定相关政策提供科学建议。名教师工作室应充分发挥教师的智慧和专业优势，形成具有实践意义和可行性的政策建议，推动教育发展

---

① 全力. 名师工作室环境中的教师专业成长——一种专业共同体的视角 [J]. 当代教育科学，2009（13）：31-34.

② 张民生. 名师要成为教育改革发展的动力源 [J]. 上海教育，2004（4B）：19-20.

和教学质量的不断提升。

总的来说，名教师工作室通过深入研究教育问题，可以推动教育教学的创新和发展，为培养优秀的教育人才做出积极贡献。同时，名教师工作室还对教育政策和教育改革密切关注以及对教育现状有深入了解，还可以为教育行政部门提供专业的建议，促使教育行政决策科学化和合理化，推动基础教育事业可持续发展。

三、名教师工作室的组成

名教师工作室的组成是多元而丰富的，包括以下角色：

1. 工作室主持人

工作室主持人是名教师工作室的领军人物，具有丰富的教育教学经验和杰出的教学成就。他们负责组织、协调、指导和支持工作室的各项活动，同时在教学研讨中起示范和引领作用。工作室主持人应该持续提升以下核心素养：

（1）诊断力。工作室主持人应具备较强的诊断力，能够深入分析和评估工作室的现状，准确发现问题和挑战，并为每位教师量身定制出有效的改进方案。同时，他们也要帮助工作室成员解决实际教学中遇到的问题，推动教师专业成长和教学效果的提高，从而实现工作室的可持续发展。

（2）萃取能力。工作室主持人应具备萃取教学经验和教学案例的能力。他们应该深入分析优秀的教学实践，提炼出背后的原理和思维方式，并将其整合和创新，帮助其他教师更好地理解和应用这些知识。

（3）赋予能力。工作室主持人应该通过多种方式，如课程设计、教学辅导、师徒结对等，赋予工作室成员更多的自主权。他们应该鼓励教师成员不断探索教学领域的前沿，拓展视野，挖掘潜力，并提供支持和反馈，帮助他们不断成长和进步。

（4）领导力。工作室主持人作为领导者，应该激发工作室成员的团队合作和创新精神，建立和维护良好的团队氛围和工作关系。他们应该协调各成员之间的关系，引导团队制定和实施发展策略，确保工作室的稳定运行和不断发展。

（5）沟通能力。工作室主持人应该具备优秀的沟通能力，能够与工作室成员进行有效的沟通交流，理解他们的需求和问题，提供帮助和支持。他们应该采取多种沟通方式和策略，确保信息传达的效率和理解的准确性。

（6）教育理念。优秀的工作室主持人应该具备正确的教育理念。他们应该引导工作室成员树立正确的教育理念，强化职业道德和责任意识，不断提升教学质量和教育水平，以实现教育事业的健康发展。

（7）创新意识。工作室主持人应该具备创新意识和创新能力。他们应该能够引领工作室成员开展教学研究和教育实践，从多个角度思考和探索教学领域的问题，灵活应对教育领域的变化和挑战。

总之，优秀的工作室主持人应该在诊断力、萃取能力、赋予能力、领导力、沟通能力、教育理念和创新意识等方面具备出色的表现。他们的素养和能力对工作室成员的成长和工作室的发展至关重要，能够为教师的专业成长和教学效果的提升做出积极的贡献。

2. 工作室顾问

工作室顾问是名教师工作室中的重要角色，是为工作室的建设与发展提供重要经验的专业导师。他们通常是教育教学领域的资深专家或学科带头人，具备丰富的教学经验和卓越的教育成就。作为工作室顾问，他们的职责和作用如下：

（1）提供专业指导。工作室顾问凭借多年的教学和教育管理经验，能够为工作室成员提供专业指导和建议。他们深入了解教育教学领域的前沿理论和实践，可以帮助工作室成员厘清教学中的问题，提供解决方案，提高教学质量。

（2）分享经验与成果。工作室顾问通过分享自己的教学经验与成果，为工作室成员树立榜样。他们将自己在教学实践中积累的宝贵经验传授给工作室成员，帮助他们更好地应对教学挑战、不断成长。

（3）促进教研与合作。工作室顾问鼓励工作室成员开展教育教学研究，并推动成员之间的合作。他们可以为工作室成员提供研究方向和方法的引导，帮助工作室成员形成研究团队，共同探索教育问题。

（4）激发创新意识。工作室顾问能够激发工作室成员的创新意识，鼓励他们探索新的教学方法和教育理念。通过引领成员不断创新，工作室可以在教育教学领域取得更大的成就。

（5）帮助解决问题。工作室顾问作为外部专业导师，可以客观地看待工作室内部的问题，提供中肯的建议和解决方案。他们的参与有助于工作室应对建设过程中的困难与挑战。

3. 工作室理论导师

工作室理论导师在名教师工作室中担任多重角色，旨在全面支持参与研修的教师和促进其成长和提高其教学水平。具体包括：

（1）指导者。作为指导者，工作室理论导师应该具备广泛的专业知识和经验。他们应当为参与研修的教师提供系统的教学指导，帮助教师深入研究教学问题，应对实际的教学挑战，并提供有效的建议和解决方案。

（2）支持者。工作室理论导师不仅要关注教师的教学需求，还要在情感上给予支持和鼓励。他们应该与教师建立信任关系，帮助教师克服困难和挑战，激发教师的学习动力和教学热情。

（3）激励者。工作室理论导师应该激励教师不断学习和创新。他们可以鼓励教师尝试新的教学方法和策略，鼓舞教师勇于面对教学的变革和挑战，推动教师在教学实践中不断进步和提高。

（4）引领者。工作室理论导师应该担当引领者的角色，带领教师学习教育教学的先进理念和实践，引导教师认识教育发展的方向和趋势。工作室理论导师的影响力和前瞻性有助于激发教师的教育教学创新和改革意识。

4. 工作室教研员

工作室教研员是具备较强教学能力和研究能力的骨干教师，负责组织教研活动、收集教育教学资源、分享教学心得和经验，并推动工作室成员之间的教学互助。

5. 工作室助理

工作室助理是协助主持人和教研员开展日常工作的人员，包括会务组织、资料整理、活动安排等方面的工作。

6. 入室学员

入室学员是由学校优秀骨干教师组成的核心成员，他们在工作室中接受主持人和教研员的指导，参与各种教学研讨和改革活动，分享教学经验，提高自身教学水平和专业素养。

7. 网络学员

网络学员是指在网络工作室中参与学习和交流的教师。网络工作室通过网络平台发布教学资源、组织在线研讨和交流活动，将名教师工作室的影响扩展到更广泛的教师群体中。

名教师工作室由这些担任不同角色的教师共同构建，通过协作推动教育教学的改革创新，提高教师队伍的整体素质，为教育事业的发展贡献力量。

四、名教师工作室的建设与分析

1. 名教师工作室的建设

名教师工作室的建设通常包括向上、向下、向内和向外四个维度。

（1）向上：名教师工作室建设的区域推进。

名教师工作室在区域推进方面，除了与教育行政部门、教育专家和教育机构建立联系外，还可以积极与社会组织建立合作关系。通过联系与合作，名教师工作室可以拓展教育资源和教育实践的广度和深度，培养学生具备与时代要求相适应的综合素质。同时，与社会组织合作，名教师工作室可以更好地了解社会需求，将教育与社会需求紧密结合，积极承担教育的社会责任，提高教育的社会效益。

（2）向下：名教师工作室引领青年教师成长。

名教师工作室在引领青年教师成长方面，应鼓励和支持青年教师参与教育研究和教学改革。名教师工作室可以为青年教师提供科研项目支持和研究资助，鼓励他们积极参与课堂教学改革和教育实践。此外，名教师工作室可以开展定期的青年教师培训和交流活动，提供个性化的成长指导和发展路径，帮助青年教师实现教育理念的转化和教学能力的提升。

（3）向内：名师带徒需要的"独门绝技"。

在名教师工作室团队内部的自我提升中，可以加强多学科的交叉融合。名教师工作室可以设立跨学科研究组，促进不同学科之间的交流与碰撞，激发新的教学灵感。同时，名教师工作室团队可以引入新的教学工具，探索数字化教育的新模式，提高教育教学的现代化水平。

（4）向外：名教师工作室团队的循环路径。

名教师工作室团队在向外的循环路径中，应该加强与省内外名教师工作室的联系与交流。通过协作交流，名教师工作室团队可以分享教育教学改革和发展的经验，促进教育的互鉴与融合。

综上所述，名教师工作室的建设涉及多个维度，需要与各方密切合作，不断创新与发展。

2. 名教师工作室的发展情况

从国家对工作室的指导管理和各工作室的活动成果来看，名教师工作室作为中小学教师专业成长的重要平台，得到了各级教育行政部门的高度重视和支持，呈现出蓬勃发展的良好态势，并成为教师成长的新范式。

首先，各省结合自身教育发展情况，积极支持名教师工作室的建设。以广东省为例，从2009年至2024年，广东省教育厅不断组织关于名校（园）长、名教师、名班主任工作室的评选活动，以发挥他们在教育教学改革和指导青年教师、校（园）长、班主任成长方面的示范作用，推动本土基础教育高质量发展。

其次，名教师工作室建设不断优化。各级教育行政部门不断加大对名教师工作室的投入，提高名教师工作室的建设标准和水平。例如，国家和地方相继出台了一系列政策和措施，加强名教师工作室的建设，提高工作室的质量和效益。同时，名教师工作室也在不断探索创新，运用新技术、新模式，拓展名教师工作室的功能。

最后，名教师工作室的作用逐渐显现。名教师工作室不仅为中小学教师提供了专业成长和交流的平台，也在教学改革和教育发展方面发挥了重要作用。通过名教师工作室的研究和实践，一些先进的教育教学经验被推广和应用，促进了中小学教育的质量提升和教师专业水平的提高。

3. 名教师工作室的问题挑战

名教师工作室作为教师专业发展和教育教学改革的平台，不可避免会面临一些问题和挑战。具体表现为：

（1）理念落地困难。有些名教师工作室在理念宣传上做得很好，但在实践中难以落地。工作室成员需要更多地关注教学实践，将理念转化为切实可行的教学方法和改进措施。

（2）成员交流合作不充分。在一些工作室中，成员之间的交流合作不够充分，缺乏良好的团队氛围和协作机制。这可能导致工作室内部资源利用不足，影响教师专业成长的效果。

（3）缺乏活力和创新性。一些名教师工作室可能陷入惰性，缺乏新的教学思路和新的教学实践。工作室需要保持活力，鼓励成员不断在教育教学领域的前沿探索，推动教学方法和教育理念的创新。

（4）资源配置和考核标准不完善。一些工作室可能面临资源分配不均衡的问题，导致部分成员得不到足够的支持和指导。同时，工作室的考核标准也需要更加科学和全面，不仅要注重教学成绩，还应关注教师教育教学的整体发展。

（5）教师工作量和时间压力较大。教师的工作量通常较大，时间紧张，有时难以充分参与到工作室的各项活动中。工作室需要关注教师的工作负担，合理安排活动时间，确保教师能够平衡工作与工作室的需要。

五、改进的措施与方法

1. 提升名教师工作室研修的有效性

根据成年人的成长规律，教师的专业的发展是主动的自我发展。教师应该具有持续学习和自我提升的意识和动力，不断更新教育理念和教学方法，提高自己的教学水平和教育教学研究能力。名教师工作室应该通过提供优质的专业成长平台和交流机会，激发教师的内在动力和主动性，让教师成为自我发展的主体，以达到促进学生发展、课程发展和学校发展的目的。

提升名教师工作室研修有效性的主要方式有：

（1）研修内容个性化。为了满足不同工作室成员的需求，研修内容应当进行个性化定制，包括主题、时间安排、教学方法等。这样可以增强教师的学习兴趣和学习效果，提高研修的质量。

（2）研修形式多样化。采用多种形式的研修，如演讲、讨论、互动、观摩等，使工作室成员能够在不同的场景中学习、交流和分享，提高教师的研修效果。

（3）共享研修资源。通过建立资源共享平台、课程库等方式，让工作室成员可以随时获取和分享优质的教学资源和经验。这样可以提高研修的效率和效果，让教师更加高效和便捷地学习。

（4）完善研修评估。建立完善的研修评估机制，定期对研修的质量、效果和参与度进行评估和反馈，不断改进和完善研修方案。这样可以更好地了解研修效果，及时调整和改进研修方案，提高研修的有效性。

（5）建立良好的团队氛围。通过定期的团队建设活动、工作分享会等方式，加强团队合作、沟通和协作能力，增强团队凝聚力。

（6）提供实践机会。为工作室成员提供实践机会，让他们将所学所得应用到教学实践中，加深对教学的理解和掌握，提高教学水平和教育效果。

2. 完善名教师工作室的工作运行机制

名教师工作室应该为教师专业成长提供更加系统和全面的支持。一方面，工作室要为教师提供多样化的培训、交流和研究机会，帮助教师提高教育教学研究能力和掌握教学实践技能，激发教师的专业热情和创新精神。另一方面，工作室应建立科学的评价机制和激励机制，鼓励教师积极参与名教师工作室的建设和发展，并通过考核、奖励等方式激励和支持教师的专业成长。有研究将名教师工作室的运行机制分为三类：一是整体运行模式和外部支持机制——名教师工作室高效运行的基础；二是内部运行机制——名教师工作室高效运行的关键；三是考核评价机制——名教师工作室高效运行的保证。[①]因此，名教师工作室的运行机制是确保工作室能够顺利运作和实现目标的关键。

一般而言，名教师工作室的运行机制包括以下几个方面：

（1）领导机制。设立工作室领导小组，由一名主要负责人和若干副负责人组成，负责工作室的组织管理、项目管理、经费管理等事务。领导小组应确保工作室的目标、任务、职责明确，各项工作得到充分的组织和管理，确保工作室有效运行。

（2）导师选聘机制。学校或地方教育局应当根据工作室的特点和需求，通过招标或推荐的方式选聘名师担任工作室导师，指导教师开展教学研究和教育实践。导师应当具备出色的专业能力和丰富的教学经验，为工作室

---

① 任光升，李伟. 名师工作室运行机制的探索［J］. 当代教育科学，2011（14）：30-32.

成员提供指导和支持。

（3）研修机制。工作室应当制定每学年的研修计划，定期举行研修活动，包括主题研讨、经验分享、课堂观摩等，由导师或工作室成员主持或参与，旨在提高教师的专业水平和教育教学能力。研修应当根据工作室成员的需求和实际情况进行个性化定制，形式多样，注重互动和实践，确保研修的有效性和实效性。

（4）项目管理机制。工作室成员可以通过自主申报或导师推荐，组织开展教学研究和教育实践项目。项目应当符合工作室的目标和任务，经过审批后，由工作室领导小组进行管理和督促实施，确保项目的顺利实施。

（5）成果分享机制。工作室应当建立成果分享机制，鼓励工作室成员定期汇报研究和实践成果，通过多种形式和渠道分享，如发表论文、编写教材、展示教学、汇报报告等，以推广优秀经验和成果，为其他教师提供借鉴和参考。

（6）激励机制。名教师工作室应当建立多种激励机制，以激励教师积极参与工作室活动，提高教学质量和教育教学水平。

综上所述，名教师工作室的建设和发展是一项长期而复杂的工作，需要各级教育行政部门和名教师工作室成员共同努力。名教师工作室也需要不断优化和完善工作机制，加强资源整合和交流合作，充分发挥自身的作用，为中小学教育的发展做出更大的贡献。

/ 第二章 /

Part 02

教育实践共同体

一、共同体

共同体指的是人们因共同的价值观、文化、利益、身份、历史等因素而联合在一起的社会集合体。它强调人们之间的互动、交流以及互惠、共享的关系。在西方的社会学、哲学、政治学、经济学等领域，共同体已成为研究社会组织、社会关系、社会变革等方面的重要概念。共同体的概念也被应用于各个领域，例如教育共同体、文化共同体、经济共同体等。它不仅对于理解社会现象和社会发展具有重要意义，而且对于推动社会变革和发展具有重要的价值。

1. 共同体的哲学基础

共同体的哲学基础可以追溯到马克思主义哲学。马克思主义认为人类的本质是社会的，只有在社会中才能够充分发挥个体的能力和创造力。共同体的哲学基础是辩证唯物主义和历史唯物主义。

辩证唯物主义认为，世界是由矛盾构成的，矛盾是事物发展的源泉和动力。在共同体中，个体与社会之间存在着各种矛盾，只有通过认识和解决这些矛盾，共同体才能实现持续发展。

历史唯物主义认为，人类社会的发展是由生产力和生产关系之间的矛盾推动的，社会制度的变革也是由这种矛盾的解决而实现的。在共同体的历史发展过程中，社会制度的变革是推动共同体进步和发展的关键。

马克思在《政治经济学批判（1857—1858年手稿）》中提出了关于社会共同体演进的观点，并将其划分为三个阶段。首先是前资本主义社会，其主要特征是人们之间的依赖关系，被称为"自然形成的共同体"。接着是资本主义社会，其中对物的依赖性成为其主要特征，被称为"虚幻的共同体"。最后是共产主义社会，其主要特征是人的自由全面发展，被称为"真正的共同体"。

在"真正的共同体"中,普遍利益与个人利益完全统一。每个个体在自觉的基础上进行联合,并通过这种联合实现自由和全面的发展。这意味着个人不再受剥削和压迫,能够充分实现自己的潜能,同时也能为社会的整体利益做出贡献。

马克思关于共同体的演进观点强调了社会制度对个人发展的影响,并提出共产主义社会作为实现人的自由和全面发展的理想状态[1],强调个体和社会的共同发展,倡导建立一种真正平等和自由的社会秩序[2]。这一观点对于理解社会变革和社会发展具有重要意义,并为后来的社会理论和实践提供了重要的启示。

2. 共同体的社会学基础

(1)安东尼·吉登斯的结构理论

安东尼·吉登斯发展了结构理论,综合了客观主义和主观主义两大社会理论传统。[3]他认为社会生活是社会结构和人类能动性之间辩证的产物,两者相互依存。吉登斯将社会结构看作是动态的,包括物质和非物质层面。非物质层面包括经济、政治、文化,以及社会规范、价值观和社会认同,这些共同塑造了人们的行为和决策。吉登斯认为社会结构不是固定的,而是通过人类的能动性不断转化的。他将社会结构看作是"资源和约束"的结合体,其既有助于实现个体目标和意愿,同时也限制了人们的行为和决策。

(2)皮埃尔·布尔迪厄的实践理论

皮埃尔·布尔迪厄的实践理论强调社会实践的本质和规律。[4]他认为社会实践是行动者、场域、惯习和资本四个基本要素相互作用形成的。场域是

---

① 侯才. 马克思的"个体"和"共同体"概念 [J]. 哲学研究,2012(1):3-11+127.
② 康渝生,胡寅寅. 人的本质是人的真正的共同体——马克思的共同体思想及其实践旨归 [J]. 理论探讨,2012(5):44-47.
③ 张云鹏. 试论吉登斯结构化理论 [J]. 社会科学战线,2005(4):274-277.
④ 陈宇光. 论布尔迪厄社会实践理论的三个核心概念 [J]. 南通职业大学学报(综合版),2003(4):43-46.

社会实践的物质和非物质环境，同时也是制约和规范行动者的背景。惯习是行动者在实践中形成的习惯性的思维方式和行为方式，体现了主体性和能动性。资本是行动者在社会实践中拥有的资源和工具。这些要素相互作用，共同塑造和定义了社会实践的本质和规律。

这两个理论为理解共同体提供了重要的社会学基础。吉登斯的结构理论强调社会结构和个体能动性的辩证关系，帮助我们理解共同体内部的关系和运作。布尔迪厄的实践理论则关注行动者在社会实践中的主体性和能动性，有助于我们深入探讨共同体成员在共同体中的参与和互动。这些理论为我们理解共同体的形成、运作和发展提供了有益的视角和理论框架。

3. 共同体的概念提出

在1887年，德国社会学家、哲学史家斐迪南·滕尼斯出版了《共同体与社会》[①]一书，其中提出了与"社会"这一概念相对应的"共同体"（Community）新概念，这一概念引起了广泛的关注和探讨。

滕尼斯指出，共同体是一种由血缘、亲族等纽带自然形成的有机体，其成员之间存在共同意识，是通过自然情感和共同习俗联系的统一体。在共同体中，成员之间互相守望、休戚与共，彼此关心和扶持。

社会则是一种有目的的人为构建的机械联合体，是通过契约、制度、权力等方式组合而成的。社会的形成是人为的，基于利益动机，并依靠"理性"权衡来达成协议的。

滕尼斯进一步阐述了共同体和社会的区别。共同体体现了本质意志（自然意志），强调成员之间的共同体验和情感联系，成员在其中追求共同的价值和目标。而社会体现了选择意志（理性意志），成员更加注重目的和利益的实现，手段和目的是相对分离的。

滕尼斯提出的共同体概念并不是一个独立的概念，而是用来解释"社会"的参照物。共同体和社会的对立构成了社会现象的两个重要维度，帮助

---

① 滕尼斯. 共同体与社会：纯粹社会学的基本概念［M］. 林荣远，译. 北京：商务印书馆，1999.

我们深入理解社会结构和成员关系的不同模式。这一概念为社会学领域带来了新的思考角度，为研究社会关系和社会组织提供了重要的理论支持。

二、实践共同体

学术界公认的实践共同体（Community of Practice，CoP）是由人类学家让·莱夫和埃蒂纳·温格于1991年提出的概念，指的是由志同道合、分享经验和知识的人组成的实践群体。他们通过协作和互动，共同创造、发展和维护着特定领域的实践知识和技能[①]。实践共同体强调的是实践和经验的重要性，通过实践和交流不断提升个体和群体的能力和水平，实现共同进步和成长。

实践共同体的成员可以是同行业从业者、同一团队的成员、同一兴趣爱好者等，他们之间的关系是基于共同的目标、价值观而相互信任的。实践共同体在现代组织管理中被广泛运用，被视为一种提高组织学习和知识共享效率的重要工具和方法。实践共同体也被认为是一种可以促进个人和组织学习、提高效率和推动创新的社交形式。

总结和回顾近三十年来实践共同体理论研究和应用的发展，实践共同体概念的构建、理解和认识也处于不断的发展和变化之中，总体来说，经历了如下三个阶段的演变。

表2.1　实践共同体的阶段演变

阶段	特点	强调重点	应用领域	成员范围
第一阶段	实践共同体是工作场所非正式学习的解释性理论和分析框架	非正式学习和合法的外围参与	工作场所学习和学徒生活	在日常生活中参与社区实践的个体

① 莱夫，温格. 情景学习：合法的边缘性参与［M］. 王文静，译. 上海：华东师范大学出版社，2004.

（续表）

阶段	特点	强调重点	应用领域	成员范围
第二阶段	实践共同体是知识共享和协作的社群	共同参与、共享的知识库和合作的事业	知识管理和组织学习	同一行业的从业者、具备相同兴趣和价值观的人
第三阶段	实践共同体的全球化和数字化	全球化和数字化趋势	全球范围的知识共享和协作	面向全球，跨越地域和组织界限

第一阶段：实践共同体被看作是工作场所非正式学习的解释性理论和分析框架，[①]强调非正式学习和合法的外围参与在工作场所学习和学徒生活中的重要性。该阶段的重点在于个体通过参与工作场所的非正式学习，逐渐获得特定的成员资格，成为实践共同体的核心成员。[②③]

第二阶段：实践共同体作为知识共享和协作的社群[④]，强调共享的知识库和合作的事业在知识管理和组织学习中的应用。该阶段实践共同体的定义逐渐复杂化，成员不仅包括同一行业的从业者，还可以是共享相同兴趣和价值观的人。重点在于成员通过协作和互动，共同构建和维护一个集体的知识资源，提升个体能力和水平，并为组织的创新和发展做出贡献。

第三阶段：实践共同体强调数字化和全球化趋势在其发展中的作用。该阶段实践共同体通过数字化工具和平台实现了全球范围内的知识共享和协作。成员可以通过在线交流、远程合作和虚拟协作来分享经验、探讨问题，共同创造知识。[⑤]实践共同体不再局限于特定的行业或专业领域，而是面向

---

① 乔纳森. 学习环境的理论基础（第二版）［M］. 郑太年，任友群，译. 上海：华东师范大学出版社，2015.
② 莱夫，温格. 情境学习：合法的边缘性参与［M］. 王文静，译. 上海：华东师范大学出版社，2004：45-46，4.
③ 乔纳森. 学习环境的理论基础（第二版）［M］. 郑太年，任友群，译. 上海：华东师范大学出版社，2015：16-17，40-46.
④ 温格，麦克德马，施耐德. 实践社团：学习型组织知识管理指南［M］. 边婧，译. 北京：机械工业出版社，2003：4，23-34，28-29，20-22.
⑤ 华子荀，许力，杨明欢. 面向教师专业发展的实践共同体评价模型研究［J］. 中国电化教育，2020（5）：101-110.

全球，跨越了地域和组织界限，其促进了不同地区和组织之间的交流与合作，推动知识的跨界流动和创新融合。

总之，实践共同体的概念和理论在不断地发展和变化中，不同的阶段强调的重点不同。梁林梅等人将实践共同体理解为：处于不同组织、不同机构、不同专业发展阶段的，具有共同愿景、共享信念、追求共同事业的一群人，基于明确的实践和真实的任务，通过非正式的组织机制、合法的身份、不同的角色和长期的共同参与，以共同解决正式组织发展和变革中面临的关键问题，同时促进自身的专业成长。[①]实践共同体的不断演变为教育教学领域的教师研修实践提供了一个全新的学习和合作模式。通过参与实践共同体，教师可以融入一个具有共同目标和共享价值观的社群中，与来自不同组织和专业领域的同行一起合作、交流、分享经验和知识。这种合作和共享的过程有助于拓展教师的视野，增强他们的专业素养和学科教学的创新能力。

三、教育实践共同体

教育实践共同体是实践共同体理念在教育领域中的具体应用，旨在共同关注教育目标的实现和教育质量的提高。

1. 教育实践共同体的相关政策

教育部教育技术与资源发展中心（中央电化教育馆）于2017年启动了"跨区域同步教学应用试点项目"，旨在基于跨区域教学共同体建设，将教育发达地区优质教学资源覆盖到教育欠发达地区课堂，助推区域、城乡、学校之间教育优质均衡发展。[②]此举强调教师和学校之间的合作和交流，以共

[①] 梁林梅，沈芸，耿倩倩. 信息化教学应用实践共同体：内涵、特征、运行结构与改进建议——以教育部2018和2019年度"教育信息化教学应用实践共同体"项目为例 [J]. 电化教育研究，2021，42（9）：49-55.

[②] 赵冬冬，曾杰. "互联网+"视域下跨区域教学共同体建设研究——兼议"三个课堂"应用 [J]. 中国电化教育，2021（2）：97-104.

同提高教学质量和学生综合素养为目标，促进教育信息化应用和跨区域协作发展。

浙江省教育厅在2020年启动了互联网支持下的城乡教育共同体实践探索，并提出了互联网支持下的城乡教育共同体运行模式、管理路径、教研路径及教学路径。[①]这一项目着重关注信息技术与教育教学的深度融合，积极推进"互联网+教育"发展，强调教育实践共同体的组织形式，促进信息化教学应用模式研究和实践，打造适合全省域推行教育实践共同体的浙江方案。

教育部科学技术与信息化司在2018年启动了年度"教育信息化教学应用实践共同体项目"，旨在协同推进信息化教学应用，形成一批成熟的、可借鉴、可推广的信息技术支持下的信息化教学方法、教学组织形式和典型案例，探索推进信息化教学应用的长效机制。[②]该项目强调促进教育实践共同体的建设，推动信息化教学应用的深度发展，为教师专业发展提供支持。

广东省教育厅在2019年启动了教育信息化教学应用创新实践共同体项目，旨在探索信息化教学"共享、共建、共治、共赢"的长效机制，创建信息化应用新模式。[③]这一项目强调教育实践共同体的共享、协作和合作精神，推动信息化教学的创新实践，促进教师之间的交流与合作，为教育信息化应用提供可持续发展的路径。

综上所述，各级政策文件在教育实践共同体的实际推行方面都强调了教师和学校之间的合作和交流，以共同提高教学质量和学生综合素养为目标，致力于深化信息技术与教育教学的深度融合，积极推进"互联网+教育"发展，将教育实践共同体作为促进教师专业发展和提高学校教育水平的重要手段。同时，这些政策文件也重点强调了共同体的组织形式和长效发展机制，

---

① 浙江省教育厅等四部门关于新时代城乡义务教育共同体建设的指导意见［EB/OL］.（2020-12-29）［2024-03-29］. http://www.gongshu.gov.cn/art/2021/4/25/art_1229597067_59063177.html.

② 教育部办公厅. 关于做好2018年度教育信息化教学应用实践共同体项目推荐遴选工作的通知［EB/OL］.（2018-10-12）［2023-10-18］. http://www.moe.gov.cn/srcsite/A16/s3342/201810/t20181012_351289.html.

③ 华子荀，许力，杨明欢. 面向教师专业发展的实践共同体评价模型研究［J］. 中国电化教育，2020（5）：101-110.

可以为教育实践共同体的发展和创新提供支持。

2. 教育实践共同体的学术界定

学术界普遍认为，教育实践共同体是在特定的实践场景中形成的，强调实践和学习之间的紧密联系，通过共享知识和经验来促进成员之间的互动和协作。

教育实践共同体的定义有多个方面：

（1）组织学习：在教育实践共同体中，学习者通过与其他学习者、教师、社会资源和技术工具的互动[1]，不断发展自己的认知能力和主体性，进而提高学校、课堂教学实践的质量，以实现教育目标的共同实现和教育质量的提高[2]。

（2）知识共享：教育实践共同体强调教育资源共享，以提升学校、社区的发展水平，促进教师专业成长和提高教育教学质量。

（3）社群形成：从教育实践共同体的角度来看，"社群形成"是一个动态且多维度的过程。教育实践共同体是以追求实践结果的达成和实践质量的提升为共同目标，凝聚成员，形成拥有共同追求和价值取向的社群。它以成员之间的互动和协作为核心要素，使成员不仅是知识的接收者，更是知识的创造者和传播者，通过集体备课、教学观摩、研讨交流等多种方式，共同探讨教育问题，实现知识的共享和增值，提升成员的个人能力，推动整个社群的发展与创新。在社群中，实践不仅是学习的手段，更是学习的目的。成员们通过参与实践活动，将所学知识应用于实际教学中，不断检验和修正自己的教育理念和方法。同时，从实践中汲取的新知识和经验，为社群的发展提供源源不断的动力。教育实践共同体对社会性和集体性的重视加强了成员们在社群中的归属感和认同感，通过动态演变使其逐渐壮大，朝着共同目标不断前进。

---

[1] 陈卫东，叶新东，张际平. 未来课堂的互动形式与特性研究［J］. 电化教育研究，2011（8）：91-97.

[2] 郑葳，李芒. 学习共同体及其生成［J］. 全球教育展望，2007（4）：57-62.

教育实践共同体有利于促进学习者的认知能力和主体性的发展，是促进教育资源共享和教师专业成长的有效途径。它通过成员之间的互动和协作，共享知识和经验，提高实践的质量和效果，同时为推进教育改革和发展提供了有力支持。

3. 教育实践共同体的业界表述

随着教育教学改革的深入发展，教育共同体、教学共同体、教师共同体、学习共同体等相关理念和机制正在被广泛引入区域或学校教育教学研究和实践变革中。例如，一些研究者构建了推动区域教育均衡发展的城乡教育共同体[①]、信息技术支持的城乡教师教学共同体[②]、促进城乡优质资源均衡发展的县域教学共同体[③]以及后疫情时代区域在线教学研究实践共同体[④]。

教育实践共同体在业界的实施更加注重实践导向，强调实际应用和效果，具体体现在以下几个方面：

（1）构建合作研修机制。教育实践共同体可以促进教师、学生、家长、社区等不同参与者之间的协同合作，促进资源共享和实现优势互补。共同体通过跨地区、跨学校的合作，实现教师与学生、学校与社会、各级政府与社会资源之间的协同合作，推进信息化教育的应用和推广。

（2）推进优质教学资源共建共享。教育实践共同体通过教师之间的交流与合作，共同研究和推广先进的教育教学方法、理念和模式，使教师享受更广泛的优质教学资源，进一步提高教师的教育教学水平。同时，教师通过获取教育实践共同体平台的支持和帮助，为学生提供更高质量的教育教学服务。

---

① 童兆平，来钇汝，张立新等. 互联网支持下城乡教育共同体的构建与运行模式——浙江省"互联网+义务教育"的实践探索［J］. 中国电化教育，2021（8）：78-84.

② 沈俊汝，郭绍青，贺相春等. "互联网+"条件下师范生"接力式"支教模式的构建与应用研究［J］. 中国电化教育，2021（9）：112-121.

③ 田俊，王继新，王萱. "互联网+在地化"：乡村学校教学质量提升的实践研究［J］. 中国电化教育，2019（10）：38-46.

④ 冯玉琴，丁书林. 区域在线教学研究实践共同体的构建与实施［J］. 中国电化教育，2021（7）：114-121.

（3）推动教育教学创新实践。教育实践共同体对于促进教育事业的发展和推广具有重要意义。共同体通过项目的实践探索和创新，可以为其他地区和学校提供可借鉴、可推广的教学方法和组织形式，促进教育高质量发展。

教育实践共同体是一个由多个学校、教育机构和社会资源组成的合作网络。它的建设旨在打破教师孤立的境遇，并在共同体内促进教师、学校、教育行政部门以及其他教育相关机构和组织的协作。共同体的核心目标是共享教育资源，促进教师之间的互动、交流和合作，共同探索教育问题的解决方案，并将成功的经验和成果推广到更广泛的范围，形成教育改革和发展的合力。

教育实践共同体的存在为教师提供了更广阔的发展空间和合作机会，激发了教育领域的创新与进步。通过共同体，教师可以深入交流、相互学习，共同研究教学方法和教育理念，从而提高教育教学质量和水平。同时，共同体也为教育改革和发展提供了有力支持，使得优秀的教育理念和实践经验得以广泛传播，影响更多教师和学校。

四、教育实践共同体的理论基础

教育实践共同体的理论是指关于教育实践共同体的形成、运作和发展的理论框架和观点。这些理论主要来自教育学和教育管理学等领域的研究，旨在促进教育教学的创新与提升，推动教育体系的优化与发展。以下是教育实践共同体的一些主要理论：

1. 教育共同体理论

教育共同体是一种教师专业学习的组织形式，强调教师之间共同学习、共同合作、共同成长，以提高教师的专业水平和教育教学质量。该理论关注教师的合作学习和集体教学研究，以促进教育教学的改进和提高。

2. 社区学习理论

社区学习理论强调学习的社区性质，认为学习不仅可以在学校教室中，还可以在社区共同体中。教育实践共同体可以看作是一种教育的社区学习形式，强调成员之间通过合作和共享知识来共同解决问题和完成学习任务。在教育实践共同体中，成员之间的合作学习可以促进教师专业知识和能力的提升。

3. 建构主义学习理论

建构主义学习理论认为学习是个体与环境交互作用的过程，个体通过与环境中的物体或其他人互动，构建出自己的认知结构和知识体系。在这个过程中，建构学习者的思维是主动的、自发的，学习是一个积极的、探究性的过程。因此，建构主义强调学习应该是个性化、针对性和实用性的。[①]

在建构主义的教学实践中，情境构建、师生合作和交流是关键要素。教师应该通过创造各种学习情境、提供丰富的学习资源和工具，鼓励学生参与实践、互相交流、分享经验和思考，促进他们的自主学习和合作学习能力的发展。此外，教师还应该了解学生的认知特点和学习需求，个性化地设计教学内容和活动，帮助学生建构自己的知识体系，培养他们的自我学习和创新能力。

在教学评价方面，建构主义强调评价应该以学生的实际表现和成果为主，注重过程性评价和综合性评价，避免简单的单向度量化评价，鼓励学生通过自我评价和互评等方式反思和改进自己的学习过程。这样的评价方式可以激发学生的自我认知和主动性，促进他们的学习和成长。

教育实践共同体为教育从业者提供了一个共同学习和建构知识的环境。

4. 教师发展社区理论

教师发展社区理论认为教师发展是一种社区化的过程，教师需要在支持

---

① 王竹立. 新建构主义的理论体系和创新实践［J］. 远程教育杂志，2012，30（6）：3-10.

性的社区环境中进行专业学习和成长。教育实践共同体为教师提供了这样的社区平台，促进教师的专业发展。

5. 联通主义学习理论

联通主义学习理论强调学习的社会性和个性化。每个人的知识网络都是独特的，因此每个人的学习过程是不同的。同时，联通主义认为学习是一个不断建立和调整连接的过程。学习者通过与环境和他人的交互建立新的连接和知识结构，这与传统的"输入—加工—输出"的学习模式有很大的不同。因此，在联通主义学习理论下，教育者需要注重学生的个性化需求，建立学生与教师、学生与学生之间的联系，为学生提供丰富的学习资源和实践机会，让学生自主地建立、扩展和调整知识网络。

在实践中，联通主义学习理论也催生了很多新的学习形式，如MOOC（大规模开放在线课程）、个性化学习等。这些学习形式利用网络技术和社交媒体等工具，为学习者提供了更广泛、更便捷、更个性化的学习机会和资源，加强了学习者之间的互动和合作，推动了学习模式的创新和转型。教育者需要结合联通主义学习理论的特点，采用多元化的教学方法和策略，鼓励学生参与到个性化学习中来，帮助他们建立并不断完善和扩展自己的知识网络。同时，教育者还需要通过教学评估和反馈机制，及时调整教学策略和方法，确保学生的学习效果和质量。

以上这些理论共同构成了教育实践共同体的理论基础，为教育领域的改革与发展提供了有益的指导和启示。在实际教育实践中，这些理论也可以相互融合和交叉应用，以适应不同学校和地区的实际情况。

五、教育实践共同体的建设

教育实践共同体的建设必须遵循一定的内在规律。

1. "互联网+"背景下教育实践共同体的知识流变

在教育实践共同体中，无论是新手还是熟手，他们主要的群体性参与活动都是围绕着知识的学习、应用、建构和传授展开的。因此，针对新手的教育实践共同体的知识与技能的学习活动和针对熟手的与新手切磋的学习活动对知识在教育实践共同体中的流变起着重要的作用，这是需要着重探讨的方面。

普遍被学界接受的关于知识流变机制的概念模型是知识转化螺旋模型（SECI 模型）。该理念模型最初由野中郁次郎（Ikujiro Nonaka）和竹内广隆（Hirotaka Takeuchi）于1995年在其合著的《创新求胜》（*The Knowledge-Creating Company*）中提出。该模型描述了知识包括隐性知识和显性知识两种类型。其中，隐性知识建构于个体认知的社会经验和行为模式，显性知识倾向于个体将认知的知识理论化地显性表达出来，以支持和促进其他个体的知识建构。这两种类型相互之间的转化包括社会化、外在化、组合化和内隐化四个过程。[1]

当前，借助"互联网+"的支撑，教育实践共同体中的知识转化螺旋跳出了个体局限，使得知识能够在群体中不断转化和螺旋式上升。[2]因此，"互联网+"教育实践共同体的知识螺旋模型得以形成。该模型进一步解释了教育实践共同体中不同新手的知识学习程度以及熟手对新手的知识训练和研修过程[3]，如图1所示。

---

[1] Hosseini S M. The application of SECI model as a framework of knowledge creation in virtual learning: Case study of IUST Virtual Classes [J]. Asia Pacific Education Review, 2011, 12（2）: 263-270.

[2] Lee C S, Kelkar R S. ICT and knowledge management: perspectives from the SECI model [J]. The Electronic Library, 2013, 31（2）: 226-243.

[3] 杨卉，王陆，张敏霞. 教师网络实践共同体研修活动体系研究 [J]. 中国远程教育（综合版），2012（2）: 56-60+76.

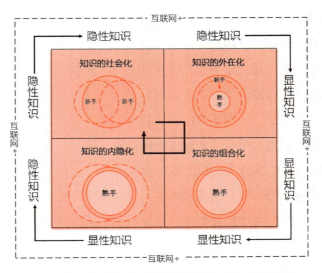

图1　"互联网+"教育实践共同体的知识螺旋模型

（1）个体隐性知识构成教育实践共同体的认知边界

隐性知识是个体固有的知识结构，当个体不断加入教育实践共同体时，每个个体的知识总和就构成了该共同体的认知边界，这个过程被称为知识的社会化。

知识的社会化表示隐性知识向隐性知识传播、转化的过程，即建构于个体认知的行为经验或知识理解通过组织、群体交互和协作的渠道进行传播。而在教育实践共同体的视域下知识社会化则表示新手在共同体中对知识进行交流、传播、转化。新手在加入教育实践共同体的初期仍然保有自身的学习认知，而这种认知对于其他新手来说有可能是一种新知。新手在对彼此认知进行磨合的过程中逐渐形成的教育实践共同体的认知边界，构成了实践共同体最初的形态。

信息技术及"互联网+"支持的教育实践共同体知识的社会化体现在通过信息化工具帮助新手对新手、新手对熟手的观察、模仿和亲身体验，例如新手通过观摩名师网络课堂，分析整理其教学方法、教学策略、教学模式和教学思想以模仿优秀教师的教学行为，通过网络磨课评课方式亲身体验专业技能研修过程等。

（2）新手向熟手转化的过程

新手向熟手转化的过程是教育实践共同体中非常重要的一部分，它需要新手通过与教育实践共同体中的其他成员进行交流和合作来学习和获得教育实践共同体的隐性知识。当新手通过不断参与和学习，逐渐掌握了教育实践共同体的知识和技能，他们就可以成为熟手，并将自己的隐性知识转化为显性知识，为教育实践共同体的知识库做出贡献。这个过程也是知识的外在化过程，因为隐性知识通过组织化的整理被显性地传递和交流。

在教育实践共同体中，新手和熟手之间的交流和合作是非常重要的，熟手可以通过分享他们的经验和知识来指导新手，同时新手也可以通过观察和模仿熟手的行为来学习和提高。利用信息化工具可以更好地促进知识的外化和共享，例如通过在线协作工具和社交媒体平台来促进熟手和新手之间的交流和合作，将个人的隐性知识转化为显性知识，从而更好地推进教育实践共同体的发展和成长。

（3）熟手的知识体系构成教育实践共同体

随着新手不断成为熟手，他们的知识也由个体的隐性知识转化为教育实践共同体的显性知识。这个过程被称为知识的组合化过程。

知识的组合化是指显性知识向显性知识转化的过程，即个体将已经演绎、整理好的显性知识进一步整合、归纳、总结，以促进知识向理论层面升华。在教育实践共同体的视域下，新手基于知识的社会化过程学习新知或重新学习旧知，并通过知识外化的过程整理个人知识。在这个过程中，新手在类似情境化学习和社会实践的过程中将认知进行了理论升华，逐渐在共同体认知范围内成为熟手，并在认知结构中基本达到共同体的认知边界。

熟手的知识体系构成了教育实践共同体，他们在共同体中形成了共享的认知模式和知识结构。这些共享的认知模式和知识结构可以通过信息化工具进行整合和归纳，形成具有普遍适用性和理论指导性的知识库。例如，可以利用知识管理系统将碎片化的知识进行整合，形成理论报告、论文、专著等。此外，还可以整合共同体中所有优秀教学案例成果建立具有内在逻辑和资源分类管理系统的知识库①，以便更好地推广和应用这些案例。

（4）成熟的教育实践共同体知识影响力的向外扩展

由熟手组成的教育实践共同体的知识结构是共同体的显性知识，其具有足够的向外扩展的知识影响力，进而可以不断吸收新手，扩展更大的共同体边界，使新的新手获得由共同体的显性知识转化的被新手所理解的隐性知识。这个过程即为知识的内隐化过程。

知识的内隐化指的是显性知识向隐性知识转化的过程，即共同体成员通过将归纳、整理的理论知识向其他新手传播，促进个体对知识的新理解和新认知，扩大共同体的知识边界。在教育实践共同体的视域下，成熟的共同体通过影响外界、影响非共同体成员，吸引他们加入其中，扩大共同体已有边界，同时，也促使新手获得对已有的显性知识的隐性理解，扩大了共同体知识的边界。

在"互联网+"背景下，教育实践共同体的知识内隐化主要利用信息技术工具的传播、影响的手段，使个体或共同体的显性知识转化为其他个体的隐性知识或共同体新的隐性知识边界。例如，通过网络课堂、双师课堂等形式，将教师的教学经验和理论知识传播给其他新手教师观摩，使新手教师能够获得熟手教师关于教学组织、教学法、信息工具应用等方面的显性知识，然后内化为自己的显性知识。

2. "互联网+"背景下教育实践共同体的活动

目前，教育实践共同体的理论与实践研究都集中在共同体内部知识管理、活动设计和信息技术支持等方面，特别是随着信息技术和互联网的发展，信息技术工具帮助共同体活动跨越了时间和空间的局限，促进了共同体内部成员进行更有效的跨区域、同步和异步的互动。"互联网+"背景下教育实践共同体活动模型如图2所示。

---

① 高宏卿，汪浩. 基于云存储的教学资源整合研究与实现［J］. 现代教育技术，2010，20（3）：97–101.

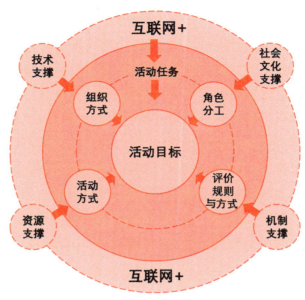

图2 "互联网+"背景下教育实践共同体活动模型

"互联网+"背景下教育实践共同体的活动包括本体活动和外部支撑两方面。

（1）教育实践共同体的本体活动

教育实践共同体的本体活动是以实现活动目标为核心的一系列活动任务，共同体内成员通过不同的组织方式、角色分工、评价规则、评价方式和活动方式等共同开展和评价活动任务，从而评估共同体活动的目标完成度。教育实践共同体的本体活动可以为共同体从活动的角度上明确共同体建构和共同体内知识流变的具体实施路径。具体来说，本体活动包括以下几个方面：

①组织方式：采用混合联结的组织形式

在教育实践共同体中引入互联网，使共同体成员能够借助互联网开展线上线下混合协作模式，进行交流与协作，进而形成一种跨区域的混合联结。

②角色分工：各有所长的参与成员

长期的教育实践共同体协作促使共同体成员各展所长，进而使每个成员的作用在互联网的支持下不断发挥、放大，影响、促进共同体的构建与优化。

③评价规则与方式：智能化的过程性评价

在长期的教育实践共同体理论与教学研究中，成员很难对共同体行为进行量化，也很难把握共同体在交流、协作过程中的实施效果。但是，借助互联网建构虚拟教育实践共同体的同时，能够借助云计算、大数据等人工智能技术对共同体成员的行为进行过程性记录、分析和评价，使共同体行为可量化、可分析，建构的评价规则和方式不仅评价了共同体的实施过程，还形成反馈策略进一步优化了共同体的组织方式和实施模式。

④活动方式：以活动对象为主的自组织活动

以教育实践共同体作为组织形式的网络社群区别于一般的网络组织，共同体具有共同的目标、共同的任务和共同的使命，具有更高的向心力。因此，共同体成员的凝聚式活动方式，是共同体活动的主要路径，只有关注到共同体中每一个成员的成长，才能发挥共同体成员的潜能和特长，进而促进共同体的形成和优化。

（2）教育实践共同体活动的外部支撑

教育实践共同体在信息化环境下得到了较好的外部技术支持。在当代教育实践共同体研究中，第三阶段的共同体外部技术支持的研究数量相对较多。"互联网+"教育生态体系的形成，使信息化工具和环境对共同体的支持程度变高，能够实现全面无缝对接的线上、线下联结活动的开展。在"互联网+"背景下教育实践共同体活动模型中，互联网作为一种外部技术支撑，支持了教育实践共同体的活动任务开展和活动目标的达成。技术、社会文化环境、机制和资源等方面的支撑，形成了完善的共同体外部环境支撑体系，较好地保障了共同体活动的全面开展。

外部支撑具体包括以下几个方面：

①技术支撑："互联网+"的应用

教育实践共同体的"互联网+"的应用为信息技术与教育教学的深度融合提供了可行路径。利用互联网建构起来的共同体，一方面能够充分利用信息技术优势开展跨区域协作，另一方面也实现了共同体内部成员的交流、协作以及智能化评价。

②社会文化支撑：社会建构主义

社会建构主义理论对教育实践共同体产生了深远的影响，这一影响主要体现在对共同体成员之间的互动方式、共同体文化形成以及知识建构过程的理解上。

社会建构主义强调知识的社会建构性，认为知识并非孤立存在，而是在社会活动中通过协商和共识形成的，这一观点促使成员们更加注重彼此间的交流与合作。同时，它还关注文化力量在知识建构中的作用。在教育实践共同体中，社会文化的支撑主要体现在共同体的价值观、信念、规范以及实践传统等方面。这些文化因素不仅为成员们提供了一个共享的知识背景，也塑造了他们的思维方式和行为习惯。通过共同体的活动，成员们不断深化对共同体文化的理解和认同，进而将其内化为自己的教育信仰和行动准则。此外，社会建构主义还强调社会实践在知识建构中的重要性。在教育实践共同体中，成员们通过参与各种教学活动、研究项目以及社会服务等，将理论知识与实践经验相结合，实现了知识的有效转化和应用。

在社会建构主义视域下，教育实践共同体提供了一个充满社会文化支撑的学习与成长环境，其成员在实践中不断建构和重构知识，进而推动共同体的持续发展。

③机制支撑：跨区域、跨学科协同机制

相同社会文化背景的共同体在自组织建构时，需要相应的机制支撑。通过全国各级行政区和学校的各类组织进行共同体建构，能够促进教育实践共同体较好发挥跨区域、跨学科协作的作用。教育管理部门和学校提供的机制支撑能够促进共同体形成，同时为社会组织运行提供机制上的优化策略。

④资源支撑：产出式共同体构建

当前，我国通过智慧教育云平台，开放覆盖全学段的教育教学资源。利用资源支撑的共同体学习、分析、评价、开发等活动能够形成优质教育资源双向融合机制，构建产出式共同体。

3. 基于教育实践共同体的名教师工作室建设

基于教育实践共同体来开展名教师工作室建设具有多方面的优势，主要表现在以下方面：

（1）资源共享与合作。教育实践共同体汇聚了多个学校、教育机构和社会组织的资源，名教师工作室可以充分利用这些资源，包括优秀的教师、教学方法、教育研究成果等。这种资源共享与合作能够帮助名教师工作室充实自身，拓展教学视野，提高教学质量。

（2）互动与交流。教育实践共同体为名教师工作室提供了更广泛的互动与交流平台。工作室成员可以与其他学校的优秀教师和专家进行深入交流，分享教学经验和教育理念。这种互动与交流有助于激发教师的创新思维，提高教学方法的灵活性。

（3）共同探索教育问题。名教师工作室在教育实践共同体内可以与其他成员共同探索教育问题的解决方案。通过集思广益，工作室可以得到更多不同视角的反馈和建议，帮助教师优化教学策略和教育改革方案。

（4）教师专业成长。在教育实践共同体中，名教师工作室成员可以得到更多专业发展的机会。参与共同体内的培训、研讨活动，可以不断提升教师的教学水平、研究能力和领导才能。

（5）教育改革推动。教育实践共同体的目标是推动整个教育体系的质量和效率的提高，名教师工作室作为其中的重要组成部分，可以积极参与教育改革和创新。工作室成员通过共同体的支持和合作，能够为推动教育现代化和提升教育质量出一份力。

综上所述，基于教育实践共同体来开展名教师工作室建设，能够充分发挥合作、协作的优势，促进资源共享与交流互动，推动教师专业成长和教育教学质量的提高，进而助力教育领域的创新与进步。

基于教育实践共同体理念的名教师工作室构建

Part 03

一、名教师工作室教育实践共同体的内涵

1. 教育实践共同体与名教师工作室的对比

教育实践共同体和名教师工作室虽然都与教师专业发展和教育教学改革密切相关，但它们在内涵和定位上有一些区别。

表3.1　教育实践共同体与名教师工作室的对比

名称	内涵	定位	成员范围
教育实践共同体	教育实践共同体是一个由多个学校、教育机构和社会资源组成的合作网络。它的核心目标是促进教育体系的质量和效率的提升，推动整个教育现代化。在共同体内，各成员共同探讨教育问题，共享教育资源，通过合作和互助共同解决教育面临的挑战。	教育实践共同体的定位更加宏观，目标是整体推动教育体系的改革和发展。它强调多方合作，资源共享，共同探讨教育问题的解决方案，以推动教育的全面进步。	教育实践共同体涵盖多个学校、教育机构和社会组织，是一个较大规模的教育合作网络。共同体的成员范围较广，包括教师、教育管理者、教研科研人员等。
名教师工作室	名教师工作室是一个教师专业发展的平台，由杰出的教师组成，旨在提高教师的专业水平和教学质量。工作室成员通过互相交流、合作和共享经验，共同探索教学方法和教育改革，促进教师个人成长和教学效果的提高。	名教师工作室的定位相对更加微观，侧重于提升教师个人的专业素养和教学水平。	名教师工作室由教学经验丰富、教学成绩优秀的杰出教师组成，工作室成员通常来自学校，是一个相对较小规模的教育教学团队。

综上对比分析，教育实践共同体的成员更具多样性，包括多个学校和教育机构，而名教师工作室成员主要由杰出教师组成；教育实践共同体的目标是提升整个教育体系的质量和效率，而名教师工作室的目标是促进教师的专

业发展和教育教学质量的提高；教育实践共同体的影响面更广，涵盖更多的教育领域，而名教师工作室的影响主要集中在教师个人和学校内部。

尽管两者在内涵和定位上有所不同，但它们都是在教育领域中积极推动教育教学质量提升和教育改革的重要组织形式。教育实践共同体为名教师工作室提供了更多的合作机会和资源支持，而名教师工作室作为教师队伍中的重要力量，也为教育实践共同体目标的实现提供了具体的实践支持。

2. 教育实践共同体理念与名教师工作室建设的融合

教育实践共同体理念与名教师工作室建设可以相互融合，共同促进教育体系的发展和教师的专业成长。本研究认为，名教师工作室教育实践共同体是一个由具备专业素质的骨干教师共同组成的教育教学专业化的组织形式。它以名教师工作室为基础，以教育实践为主线，致力于推动教师的专业发展，提升教师教育教学水平，以及促进学校教育教学改革的专业化学习社群和行动框架的构建。

在名教师工作室教育实践共同体中，教师们作为共同体的核心成员，贡献了丰富的教育教学经验和专业知识。共同体强调合作与共享，通过教师之间的互动、交流和合作，促进教学理念和方法的创新与优化。这种专业化组织形式为教师提供了更广阔的发展空间和合作机会，进而可以推动教育实践的不断改进和提升。

名教师工作室教育实践共同体的目标是构建一个高效协作的学习社群。在共同体中，教师们可以共享优质的教育资源、分享成功的教学经验，并相互学习、借鉴，共同探索解决教育问题的方法，共同推进教学质量的提高，促进整个教育体系的现代化发展。

因此，教育实践共同体理念与名教师工作室建设的融合有助于形成一个具有专业素质的教育教学组织，激发教师的创新意识和工作热情，推动教育领域的创新与进步。

3. 基于教育实践共同体理念的名教师工作室建设内涵

基于教育实践共同体理念的名教师工作室的建设内涵主要体现在以下方面：

（1）共享优质资源。名教师工作室作为教师的专业发展平台，强调成员间的资源共享，包括教学经验、教学方法和教学研究成果。通过分享这些优质资源，工作室成员能够相互借鉴，共同提升教师的专业水平，从而促进教育教学质量的不断提高。

（2）跨校合作。基于教育实践共同体突破了学校和教育机构的界限的特点，名教师工作室可以与其他学校的工作室建立合作关系。这种跨校合作为工作室成员提供了更多学习和交流的机会，有助于共同探索解决教育问题的方法，推动教师专业成长和教育教学质量的提高。同时，跨校合作还能丰富教育实践共同体的经验和资源，推动整个教育领域的发展。

（3）教学研究与实践。教育实践共同体强调将教学研究与实践相结合，名教师工作室的成员可以在共同体内开展教学研究，并将研究成果应用于实践中。通过合作研究，工作室成员能够不断改进教学方法，探索教育教学的最佳方法，从而推动教学质量的不断提升。教学研究的成果可以在名教师工作室中共享，促进教育教学的创新和优化。

（4）共同探讨教育教学问题。教育实践共同体鼓励工作室成员共同探讨教育教学问题，通过组织教研活动和研讨会的方式，让成员共同交流和讨论教育教学的挑战和解决方案。这种共同探讨有助于形成教学共识，促进教育教学的改革与创新发展。同时，教育实践共同体为名教师工作室提供了一个合作的平台，让优秀教师们共同推动教育的进步和发展。

（5）促进教育现代化。教育实践共同体的目标是推动教育现代化。名教师工作室作为教师专业发展的平台，可以为教育现代化贡献力量。工作室成员通过教育创新与实践，引领教育发展的方向，促进教育体系的优化与升级，满足时代发展的需求。名教师工作室的成员在共同体中也可以了解更多的教育前沿信息，推动教育教学的更新，为教育领域的现代化发展贡献智慧与力量。

综上所述，基于教育实践共同体理念的名教师工作室的内涵体现在共享优质资源、跨校合作、共同进行教学研究与实践、共同探讨教育教学问题以及促进教育现代化等方面。这种融合模式为教师提供了更广阔的发展平台和合作机会，增强了教师的创新思维和工作积极性，为学校的发展注入新的动力，推动教育教学质量和教育服务的提升。

二、名教师工作室教育实践共同体的构建原则

名教师工作室教育实践共同体的构建原则通常被视为该共同体建设的基本框架，一般包括以下几个方面：

1. 目标明确与定位准确

目标明确与定位准确是构建名教师工作室教育实践共同体的重要原则。明确工作室的宗旨、使命和目标，确保所有成员在共同体中有共识，并共同朝着明确的方向努力。

（1）明确工作室的宗旨和使命。在构建名教师工作室教育实践共同体之初，必须清晰地界定工作室的宗旨和使命。明确的宗旨和使命将为共同体的发展提供明确的方向和目标。这可以提升教师教学能力、推动学校教育教学改革、促进教师专业成长等。

（2）确保共识与合作。所有成员必须对工作室的目标和定位有共识，并愿意共同朝着这一目标努力。在共同体中，教师不仅要为个人发展而奋斗，更要将集体的利益放在首位，共同促进共同体目标的实现。

（3）明确发展方向。在共同体中，工作室成员应明确共同的方向和发展路径。这包括共同制订发展规划、教学目标和行动计划，确保共同体成员在实践中紧密配合，共同推动工作室的成长和发展。

（4）持续优化、调整目标和定位。目标明确、定位准确并不意味着一

成不变。教育环境和需求可能会随着时间的推移发生变化，因此，共同体需要根据实际情况不断优化、调整目标和定位，以适应不断变化的教育教学需求。

（5）向外界明确表达。工作室的宗旨和使命应向外界明确表达，让学校、家长、社区等利益相关方了解工作室的价值和意义，增强工作室的社会影响力。

目标明确、定位准确是构建名教师工作室教育实践共同体的基础，是共同体成员行动的指引和动力，也是确保共同体持续发展和成功运行的关键因素。

2. 共同的价值观

共同的价值观是构建名教师工作室教育实践共同体的重要基础。

（1）建立共同的价值观。共同体的成员应该共享相近的教育理念、教育目标和教育价值观。这有助于成员形成一个共同的认知框架和价值观，使他们在教学和专业发展中能够更好地相互理解和支持，也有助于形成良好的文化氛围，增强成员之间的凝聚力和认同感。

（2）互相尊重和理解。成员间应在教学风格、专业特长和观点等方面相互尊重。这种尊重建立在理解和包容的基础上，意味着成员愿意倾听他人的意见，理解不同观点背后的思考，并愿意从中学习和成长。互相尊重和理解有利于培养出一个开放和包容的共同体环境。

（3）互相信任和支持。在共同体中，成员之间应建立起高度的信任。这种信任是基于成员间的专业能力、贡献和诚信的。相信彼此将带来更加紧密的合作关系，成员会更愿意分享自己的教学经验和教育研究成果，能促进共同体整体水平的提升。

（4）营造合作氛围。共同体应努力营造合作氛围，鼓励成员之间进行互助和合作。这可以通过定期的教研活动、教学交流、经验分享等形式来实现。合作氛围将激发成员的工作热情和积极性，推动共同体的发展。

（5）化解分歧和冲突。在共同体中，成员可能会存在意见分歧和冲突。这时候，成员应该以开放的心态进行有效的沟通和协商，化解分歧，达成共识。通过这个过程，共同体将变得更加成熟和稳固。

共同的价值观是名教师工作室教育实践共同体构建的核心要素。只有在这个基础上，共同体的成员才能真正相互尊重，信任彼此的专业能力，积极贡献，形成融洽的合作氛围。

3. 资源共享与成员合作

资源共享与合作是名教师工作室教育实践共同体建设的重要支撑。

（1）建立资源共享机制。名教师工作室应该建立起有效的资源共享机制，确保成员之间可以方便地分享优质的教学经验、教学方法和教学研究成果。通过建立共享平台、开展教研活动、开展研讨会等形式共享教学设计、教案、教学反思、教学视频等优质资源，有助于成员之间相互学习和借鉴。

（2）鼓励优秀成员合作。名教师工作室应鼓励成员之间开展合作，特别是那些教学经验丰富、教学成绩突出的优秀成员。合作可以是共同开设教研课题、协同撰写教学教研论文、共同参与校际交流等。通过合作，成员可以相互借力，形成优势互补，共同解决教育教学问题。

（3）共同解决教育问题。共同体的成员应该共同关注教育教学领域的问题，并共同寻求解决方案。成员可以定期组织教研活动、研讨会，共同探讨教学难点、教学改进方法和教育教学创新。通过集思广益，共同解决教育问题，提高教育教学质量。

（4）重视教学实践与研究成果的共享。成员在教学实践中应注重开展教学研究，并将研究成果分享给其他成员。同时，共同体应该鼓励并支持成员进行教学研究，并提供相应的奖励和认可机制。

资源共享与合作是名教师工作室教育实践共同体构建的关键要素。通过建立资源共享机制、鼓励优秀成员合作、共同解决教育问题以及重视教学实践与研究成果的共享，共同体将形成一个充满活力和创新的教师专业发展平台，进而促进教师教育教学水平的不断提升。

4. 成员构成多样化

成员构成多样化是名教师工作室教育实践共同体建设的动力来源。

（1）自由参与原则。名教师工作室教育实践共同体鼓励教师自愿参与其中，并以自由参与原则为基础。共同体的构建应当是基于教师自发的兴趣和共鸣，而不应强制要求教师加入。这种自愿参与的原则保障了成员的积极性和主动性，使共同体成为一个充满活力和合作精神的学习社群。

（2）开放平台。名教师工作室教育实践共同体建设不受地域、学科、职称等限制，为所有有志于改进教育教学的教师提供平等的机会和开放的平台。不论是来自不同地区、不同学科领域还是不同职称的教师，都可以自由加入共同体，共同分享和探讨教育教学的经验和问题。

（3）多学科融合。共同体的构建应尽可能吸引不同学科领域的教师参与，鼓励多学科融合。跨学科的交流和合作有助于激发创新思维和探索教学方法，促进教育教学的全面发展。

5. 实践和研究相结合

实践和研究相结合是名教师工作室教育实践共同体构建的重要原则。

（1）以实践为导向。共同体的成员应以实践为导向，将教学实践作为改进教学的核心手段。通过在实践中尝试和应用新的教学方法和教育理念，教师们可以更深入地了解教学过程中出现的挑战和机遇，从而形成对教育问题的深刻认识。

（2）反思与总结。在实践中，教师们应该养成反思和总结的习惯。通过不断回顾和分析教学过程，教师可以发现问题并找到改进的方法。这种反思与总结的过程是教师专业成长的关键环节，也是将实践转化为研究的基础。

（3）开展教学研究。鼓励共同体的成员在实践的基础上开展教学研究。教学研究可以是小规模的教学实验、教学活动的评估，也可以是更深入的教学行为观察和教学案例研究等。通过系统的教学研究，教师可以深入探讨教学问题，找到更有效的教学策略。

（4）应用研究成果。将教学研究的成果应用于实践中，让研究成果真正地为教学服务。教师们可以在实践中验证和调整研究方向，使其更贴近实际教学情境，实现研究与实践的有机结合。

（5）建立共享平台。在共同体中，可以建立共享平台，让成员之间分享实践和研究成果。这样可以促进教师之间的交流和合作，激发更多的教师参与到实践和研究中来，形成共同学习的氛围。

通过以实践为导向、反思与总结、开展教学研究、应用研究成果和建立共享平台，共同体成员能够在实践和研究的相互促进中不断提高自身教学质量，促进专业成长。

6. 开放和创新的精神

名教师工作室教育实践共同体应倡导开放和创新的精神，鼓励成员尝试新的教学方法和教育理念，推动教育教学的不断创新。

7. 有效的运行机制

名教师工作室教育实践共同体需要建立一系列的机制来保障共同体运行，包括组织机制、运行机制、协同机制、信息化支持机制、评价机制等。

综上所述，基于教育实践共同体理念的名教师工作室教育实践共同体的构建需要目标明确与定位准确、共同的价值观、资源共享与成员合作、成员构成多样化、实践与研究相结合、开放和创新的精神、有效的运行机制。这些原则将有助于名教师工作室教育实践共同体成为一个积极、高效的教师专业发展平台，推动教育教学的不断创新和提升。

/ 第四章 /

Part 04

名教师工作室
教育实践共同
体的创新发展
策略

一、创新运行结构：名教师工作室教育实践共同体的基础

构建名教师工作室教育实践共同体，需要合理规划名教师工作室教育实践共同体的组织运行结构，明确各成员的角色和责任，激发教师的创造力和合作精神。

1. 构建要求

根据综合温格（Wenger）在1998年和2002年提出的实践共同体三要素以及巴布拉（Barbara）和达菲（Duffy）总结的实践共同体一般特征，即遵循问题解决的系统化路径——"目标—过程（结构）—评价—反馈"，同时结合国家和省级信息化教学应用实践共同体项目的实施经验总结，本研究认为建立一个稳定而有效的名教师工作室教育实践共同体组织运行结构，需要考虑以下几点：

（1）明确领域主题。确定名教师工作室教育实践共同体的核心领域或主题，例如某学科或教育技术应用等，以便成员有明确的目标和共同的方向。同时，要灵活适应教育领域的变化，定期审视和调整领域或主题，以保持共同体的前瞻性和活力。通过制订具体的研究课题和计划，教师成员可以共同规划教育实践共同体的发展目标和愿景，并针对教学领域或主题，深入研究和分享经验。

（2）确定组织架构。建立清晰的组织结构，明确负责人、领导小组或工作组，以及各成员的角色和责任，确保共同体内部良好的合作。同时，构建完善的组织机制，确保共同体的有效运行和决策。

（3）营造共享的文化氛围。围绕共同的愿景，确立共同的目标和任务，建立共享的信念。通过合作研究课题、共同设计课程、互相观摩活动

等，使成员之间能够互相借鉴，及时解决问题，促进教学实践的创新和教学水平提高。营造积极向上、乐于分享的氛围，能让成员之间形成良好的互动和合作关系。

（4）提供信息化支撑。开发数字化资源，通过名教师工作室网络空间共享平台，对教学设计、教学案例、研修心得等优质资源进行共享。采用数字化研修的方式提升研修质量和效果，积极探索利用数字化手段开展的教育教学实践，提升教师整体的信息素养。建设数字化学习平台，让成员能够随时随地获取教育教学的最新信息和资源。

（5）充分挖掘成果。要充分挖掘名教师工作室教育实践共同体的实践成果、理论成果和机制成果，使这些成果进入更广泛的教育领域，促进共同体的经验和成果的复制推广。定期举办成果展示和交流活动，鼓励成员分享成功经验和教学成果，为其他教师提供借鉴和参考。

（6）建立有效评价机制。建立评价机制，定期对名教师工作室教育实践共同体的运行和成效进行评价。收集成员的反馈和建议，发现问题并进行改进，确保共同体的优化和持续发展。定期组织自评和外评，以客观的数据和评价指标衡量共同体发展的效果，为其改进和提升提供依据。

通过以上策略的实施，我们将建立一个有活力的名教师工作室教育实践共同体，促进教育教学的创新和提升，为教师的专业发展和教育教学质量的提高提供有力支持。同时，我们将不断优化和完善共同体的运行结构，确保共同体持续稳定的发展。

2. 广东省杨明欢名教师工作室教育实践共同体的运行结构

围绕"目标—过程（结构）—评价—反馈"，广东省杨明欢名教师工作室教育实践共同体的运行结构如图3所示。

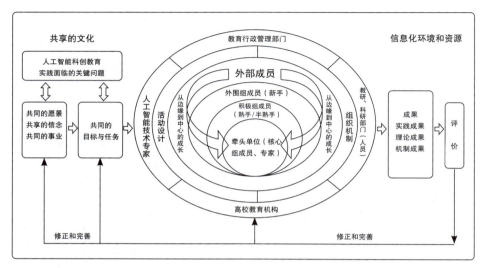

图3 广东省杨明欢名教师工作室教育实践共同体的运行结构

二、确立共同愿景：促进素养本位的教学实践深度实施

名教师工作室教育实践共同体的主题领域和目标愿景应与工作室的学科特点相契合，确保共同体成员聚焦在共同的目标上，有针对性地开展实践和研究活动。

1. 主题领域

广东省杨明欢名教师工作室教育实践共同体紧密围绕信息技术和人工智能科技创新应用的主题领域展开。共同体致力于基于信息技术和人工智能应用探索并推广创新的教学模式和策略，提升教育教学的质量与效果。共同体将通过共享研究成果和前沿方向，为教师提供专业知识和技能的学习，支持教师解决实际问题，进而提高数字素养和教学水平，促进教育领域的持续发展。

2. 目标愿景

广东省杨明欢名教师工作室教育实践共同体的目标愿景包括以下几个方面：

（1）转变教育理念与方法。鼓励教师从传统教学模式转向以学生为中心的探究式学习模式，通过创新教育方式，借助信息技术和人工智能应用，培养学生的创新思维和问题解决的能力，使其更好地适应未来社会的需求。

（2）提升师资队伍水平。强化教师培训和专业发展，提高教师信息技术应用和人工智能教育专业知识水平。引入教育科技专家，要求其提供指导和支持，以帮助教师不断提升教育教学能力。

（3）创新实践场景。投入先进的技术设备和教学资源，构建具有信息化特色的实验室和创客空间，为教师和学生提供更多实践场所和工具，以促进教育领域的创新。

（4）构建全面评价体系。建立科学、多元的评价体系，包括学生的综合素质评价和项目成果评估。鼓励学生参与真实场景的科创项目，培养他们的实践能力和团队协作精神。

（5）促进合作与交流。积极开展跨区、跨校的教育科技交流与合作，借鉴共同体成员的资源和经验，提升人工智能教育的竞争力。

（6）营造创新文化。在共同体内营造积极向上、鼓励创新的文化，为教师和学生提供展示创新实践的平台，激励有潜力的创新项目，营造创新氛围。

（7）持续改进与反思。建立反馈机制，对实践活动进行定期评估和反思，发现问题并及时改进。持续优化共同体的运行模式，确保共同体的可持续发展。

围绕共同愿景，共同体成员将开展共读、共写、共研等形式，促进思想碰撞和交流。借助创新课程开发、4C教学模式、课题合作等方式，将所学知识应用于实践中，逐步提升教师专业水平和能力，推动教育领域的不断发展与创新。

3. 素养本位的人工智能教育课程开发

这个策略专注于设计和实施以素养为导向的人工智能教育课程，旨在帮助教师成员更深入地理解人工智能的概念、原理和应用，提升他们在人工智能教育方面的专业素养和教育素养，以更好地引导学生在信息时代中获取知识和解决问题的能力。

广东省杨明欢名教师工作室教育实践共同体的核心团队已成功研发了适用于不同年龄段学生的"中小学人工智能创新实践教育系列"项目课程，共6册（见图4），并提供了相应的课程教学计划（表4.1）和数字化学习资源。这些课程涵盖了人工智能的基础知识、编程技能以及实际项目应用等多个方面，旨在满足新课标背景下中小学生人工智能科创核心素养的培养需求。

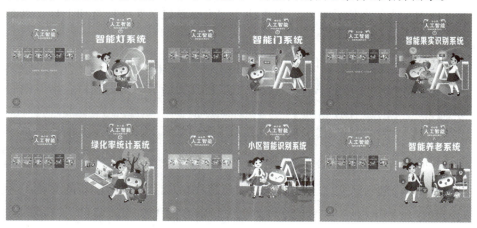

图4 中小学人工智能创新实践教育系列

表4.1 "中小学人工智能创新实践教育系列"课程教学计划

级别	L1	L2	L3	L4	L5	L6
课程内容	智能灯系统	智能门系统	智能果实识别系统	绿化率统计系统	小区智能识别系统	智能养老系统
模块	数字量	声音模块	形状识别	二维码识别	图像分类	目标检测
	模拟量	显示模块	颜色识别	算法综合	人脸识别	模型训练

（续表）

级别	L1	L2	L3	L4	L5	L6
类别	机器感知		视觉算法		模型推理	
年龄	8～11岁		9～12岁		10～13岁	
描述	初步认识并掌握机器的智能感知，并通过常见的程序算法进行编程验证。		会用摄像头获取图像，调用不同算法实现对几何图形、颜色、二维码的视觉识别并进行编程验证。		能加载或训练视觉模型进行物体图像分类、目标检测并尝试解决真实情境问题。	

这个教学计划分为6个阶段。

第1和第2阶段以家庭生活主题的智能灯系统和智能门系统相关的真实性问题为起点，旨在帮助学生初步认识并掌握机器的智能感知，并通过常见的程序算法进行编程验证。在这个阶段，学生将学习数字量、模拟量、声音输出和屏幕输出等技能模块。

第3和第4阶段以劳动生活主题的智能果实识别系统和绿化率统计系统相关的真实性问题为起点，旨在培养学生跨学科运用数学等知识的能力，学会运用摄像头获取图像，调用不同算法实现对几何图形、颜色、二维码等视觉识别并编程验证。在这个阶段，学生将学习形状识别、颜色识别、二维码识别和算法综合等技能模块。

第5和第6阶段以生活服务主题的小区智能识别系统和智能养老系统相关的真实性问题为起点，旨在培养学生加载或训练视觉模型进行物体图像分类、目标检测并尝试解决真实情境问题的能力。在这个阶段，学生将学习图像分类、目标检测、人脸识别和模型训练等技能模块。

该计划旨在帮助学生了解人工智能感知的基本概念，并学习如何使用不同的算法进行编程验证。通过跨学科的学习，学生能够将知识应用于实际情境中，例如图像分类和模型训练等。

（1）人工智能科创课程开发的创新点

①创新课程设计。在深入研究和实践的基础上，共同体设计了贴合素养培养要求的人工智能科创课程。这些课程注重培养学生的创新思维、问题解决能力以及协作与沟通能力，同时融入了人工智能技术特点，内容涵盖机器学习、数据分析、编程等相关知识。

②开发数字化资源。共同体开发了多样化的数字化教学资源，包括课件、教学案例、微课等，旨在为教师和学生提供支持和参考。这些资源有助于提升教学效果，同时激发学生的学习兴趣和创造力。

③创新教学方法。共同体不断探索和应用创新的教学方法，如项目驱

动、问题导向、协作学习等，以激发学生的学习热情和实践能力。信息化技术工具和平台的应用支持个性化学习和自主学习，有助于提升整体的教学效果。

④创新学习评价体系。共同体建立了科学有效的教学评价体系，包括对学生人工智能综合素养、创新能力以及项目成果的评估。采用多元化的评价方式，将过程性评价与结果评价结合，全面了解学生的学习情况，为"教—学—评"一体化实施提供支持，从而促进学生的全面发展。

（2）人工智能科创课程样例

下面以课程"独居老人看护系统的设计与制作"为例，展示广东省杨明欢名教师工作室教育实践共同体的以素养为导向的"教—学—评"一致性的课程设计。

独居老人看护系统的设计与制作

在前面的项目学习中，我们已经生成了识别老人是否摔倒的人工智能模型，并对模型进行了测试、转换与应用。接下来就让我们跟着笈米和笈博士，一起完成独居老人看护系统的设计与制作吧！

> 笈博士，我已经测试并转换好摔倒检测模型了，接下来我要怎么去应用它呢？

> 我们需要编写程序来检测并显示老人是否摔倒，若老人摔倒，要发出相应的警报。

第一节　原型开发

任务一　项目设计

在动手制作独居老人看护系统之前，我们需要先制订一份项目计划书（见表4.2），以便有条理地开展我们的工作。

【我会填】

表4.2　项目计划书（一）

组名		小组成员	
项目名称	独居老人看护系统	指导老师	
独居老人看护系统的系统规划	功能设想： 我想象中的独居老人看护系统是这样的： 答：识别出老人是否摔倒，如果摔倒，则标识出老人并发出语音警报。		
	系统组成： 实现上面的功能需要用到下面这些材料： ☑主控板　☑数据线　☑LCD显示屏 ☑摄像头　☑扬声器　☑SD卡		
项目分工	组长：	负责：	
	组员1：	负责：	
	组员2：	负责：	
	组员3：	负责：	

任务二　外观搭建

在项目计划书中，我们已经了解了制作独居老人看护系统所需要的材料，接下来就开始制作吧！

【我会搭】

利用已有材料，按照如下步骤搭建和装饰作品：
1. 取出主控板，连接数据线；
2. 选取材料，根据样例图拼装外观结构。

注意：还可以利用激光切割机或3D打印机设计更有创意的外观哦！

任务三 程序设计

独居老人看护系统的外观已经搭建完成啦，接下来我们一起学习相关的程序指令（见表4.3），并尝试编写程序让它实现设想的功能吧！

识别老人是否摔倒即识别老人的姿势是站立还是倒下，其原理与手势识别一样，都是通过机器学习来进行物体分类识别，即机器将检测到的老人姿势进行处理，与之前建立的摔倒检测模型进行对比，来判断老人是否摔倒。

姿势识别与手势识别的区别：手势识别采用的是主控板自带的本地模型，而判断老人是否摔倒的模型是我们自己训练制作的。因此，在编写程序判断老人是否摔倒时，需要先设置该模型的锚点、分类名称以及加载、初始化锚点，再运行模型并解析。

表4.3 指令说明

指令	说明
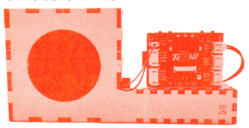	初始化列表指令：建立一个列表，可添加任意数量的列表元素。点击左上方的齿轮，拖动"item"项到列表里，即可增加列表元素。 以左图为例，初始化一个名为xy的列表，并给它添加上4个元素，分别是item的x坐标值、item的y坐标值以及两个数字100。此时x坐标值在列表中的序号为0，y坐标值的序号为1，第一个数字100的序号为2，第二个数字100的序号为3。

（续表）

指令	说明
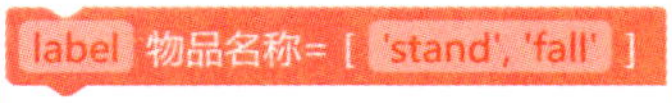 label 物品名称= ['stand', 'fall']	物品名称指令：定义待识别物体的名称。 以左图为例，输入待识别物体的名称，分别为：stand、fall。 物品的名称和书写顺序必须与模型文件夹"label.txt"中的一样。 提示：物品名称可以直接从"label.txt"中复制过来，同时注意目前只支持英文名称。
 anchor 锚点参数= (2.19, 3.51 2.83, 4.25, 3.23, 5.21, 3.58, 5.86, 4...)	锚点参数指令：给锚点赋值，设置解析图像的位置。 以左图为例，在训练模型的"anchors"文件夹中，找到"anchors.txt"文件，打开它并将里面的锚点复制到代码上。 
 task 模型路径 "/sd/AIBIT.kmodel"	加载模型指令：加载模型并将模型赋值给task变量。 应先将模型文件放入SD卡中，再在双引号中填写模型的位置。
	目标分类初始化指令：对模型task进行初始化，将参数设为默认值（概率阈值为0.5，box_iou门限为0.3，锚点数为5，锚点参数为anchor）。
 yolo2 运行网络 模型 task 图像 image	运行模型指令：运行模型task来识别图像image的类别。
 yolo2 模型解析 对象 yolo2 获取 标识号	模型解析指令：解析对象item，并获取其标识号（即类别）。这里的标识号是数字，对应label物品名称列表中对应位置的类别。 除了获取标识号，模型解析指令还可以获取识别到的物体的x坐标、y坐标和置信度。

【我编程】

结合表4.3，可以推测出独居老人看护系统程序的基本构成：

1．初始化摄像头、LCD显示屏；

2．定义要识别的物品名称；

3．加载并初始化模型；

4．运行模型，检测老人是否摔倒，如果摔倒则发出语音警报。

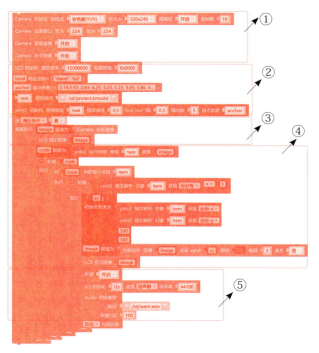

备注：

①初始化摄像头设置。

②设置物品分类的名称、锚点参数，从SD卡中加载模型文件并初始化模型。

③获取图像image并显示，然后运行模型task，解析出图像image中的目标物体（老人），将结果赋值给code。

④判断code是否为真，如果code为真，代表有目标物体。然后，对code中的每一个项目（老人）进行模型解析，并获取标识号。在label物品中，

站立stand的序列号为0，摔倒fall的序列号为1。因此可以通过获取的标识号来判断该老人是摔倒还是站立。如果判定老人摔倒，则用列表获取对象的坐标，然后绘制矩形，将摔倒的对象框起来。

⑤当标识号为1，即为摔倒时，播放"有老人摔倒了"等警报语音。

【我会选】

让我们来检验一下学习效果吧！把正确答案的选项填写在横线上。

1. 运行模型和解析模型分别是_____和_____。

A. ▸ `task` `模型路径` " `/sd/AIBIT.kmodel` "

B. ▸ `yolo2 初始化 网络模型` `task` `概率阈值` `0.5` `box_iou门限` `0.3` `锚点数` `5` `锚点参数` `anchor`

C. ▸ `yolo2 运行网络 模型` `task` `图像` `image`

D. ▸ `yolo2 模型解析 对象` `yolo2` `获取` `标识号`

2. 判断老人是否摔倒，我们需要获取_____数据，然后找到label列表中对应序列号的物品名称，物品名称表示的状态就是老人此刻的状态。

A. x坐标　　　　B. y坐标　　　　C. 标识号　　　　D. 置信度

第二节　再设计与微创新

任务一　项目设计

在第一节，我们已经完成了独居老人看护系统的原型开发。接下来，尝试对它进行再设计与微创新吧！在动手制作之前，需要制订一份项目计划书（见表4.4），才能更有条理地开展我们的工作。

【我会填】

表4.4　项目计划书（二）

组名		小组成员	
项目名称		指导老师	

（续表）

独居老人看护系统的系统规划	功能设想： 我想要重新设计的作品是这样的： ＿＿＿＿＿＿＿＿＿＿＿＿＿＿＿＿ ＿＿＿＿＿＿＿＿＿＿＿＿＿＿＿＿ 与前面的作品的不同之处： ＿＿＿＿＿＿＿＿＿＿＿＿＿＿＿＿ ＿＿＿＿＿＿＿＿＿＿＿＿＿＿＿＿
	系统组成： 实现设想的功能需要用到下面哪些材料呢？（可以寻求老师帮助） □ 主控板　　　□ LED灯　　　□ 摄像头 □ 数据线　　　□ LCD显示屏　　　□ 扬声器 其他：＿＿＿＿＿＿＿＿＿＿＿＿＿＿＿＿ 外观美化：（建议从色彩、图案等方面进行文字描述） ＿＿＿＿＿＿＿＿＿＿＿＿＿＿＿＿ ＿＿＿＿＿＿＿＿＿＿＿＿＿＿＿＿

项目分工	组长：	负责
	组员1：	负责
	组员2：	负责
	组员3：	负责

任务二　外观搭建

我们在项目计划书中已经选好了需要的材料，接下来就开始制作吧！

【我会搭】

利用已有材料，让我们按照如下步骤搭建和装饰自己的作品吧：

1. 画出作品的草图；
2. 取出主控板，连接数据线；
3. 选取材料，拼装外观结构；
4. 利用身边的材料（彩笔、彩纸等）在外形上添加图案和色彩，让作品更美观。

注意：还可以利用激光切割机或3D打印机设计更有创意的外观哦！

任务三　程序设计

作品的外观已经搭建完成啦。接下来我们一起编写程序，让它实现预设的功能吧。

【我会填】

在动手编程之前，可以借助流程图梳理编程的思路。让我们来完成作品程序的流程图吧！

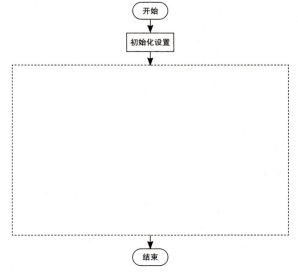

【我编程】

结合流程图以及所学的指令，让我们编写并上传代码，看看效果如何吧！

第三节　展示交流

任务一　交流互评

我们已经完成作品的再设计了，快来展示一下吧！

【我会做】

为了展示制作作品时从想法、设计、制作到反思、修改的全过程，我们可以收集素材并利用课后时间制作PPT。作品介绍的PPT文档应包括以下几个部分：

1. 作品名称、小组成员与任务分工；

2. 作品设计方案和修改过程（请围绕项目计划书进行介绍）；

3. 制作过程与作品展示；

4. 作品特色与创新点。

【我会拍】

全体组员出镜，拍摄演示视频。要求结合作品介绍PPT文档，介绍项目从想法、设计、制作到反思、修改的全过程，并确保图像、声音清晰。最后将作品介绍文档、演示视频和程序源代码文件，上传至学习平台。

【我会评】

登录网络平台，按照评分标准来评价每个小组的作品吧！

任务二　学习总结

总结也是项目开发过程中的重要环节，我们要养成善于总结的好习惯哦！

【我合作】

终于完成了本项目的学习！合作的过程总是令人难忘，让我们回顾一下和小伙伴合作的过程吧。（答案无对错之分；涂满的星星越多，表示越同意问卷中的表述）

1. 我和小伙伴配合默契。（☆☆☆☆☆）

2．我和小伙伴在合作完成任务的过程中有较多的交流。（☆☆☆☆☆）

3．我在组内讨论时经常能够给出有用的意见。（☆☆☆☆☆）

4．我和小伙伴能够持相同意见；持不同意见时，也能通过讨论最终达成一致。（☆☆☆☆☆）

5．我的小伙伴在合作完成任务的过程中尽力做到了他/她能做到的。（☆☆☆☆☆）

【我反思】

1．在这个项目中，我的小组同伴或其他小组同学值得我学习的地方是：

2．通过开展本项目，我知道自己在以下方面还需要继续努力：

【我收获】

回顾你在项目中的表现，在评价框（表4.5）中选择合适的等级。

表4.5　学习表现评价表

评价说明	评价等级
1．我理解了图像识别技术的基本概念。	□ 很好　□ 一般　□ 困难
2．我理解了独居老人看护系统的基本组成和运行方式。	□ 很好　□ 一般　□ 困难
3．我掌握了识别老人是否摔倒的技术原理，了解图像识别技术的应用场景。	□ 很好　□ 一般　□ 困难
4．我能够明确独居老人看护系统的功能需求，根据设计方案提出较完整的问题解决步骤。	□ 很好　□ 一般　□ 困难
5．我能够挑选出合适的硬件及相关材料，并成功搭建与装饰独居老人看护系统的外观。	□ 很好　□ 一般　□ 困难
6．我掌握了如何使用模型路径、yolo2运行网络模型、yolo2模型解析等程序指令，并将其迁移运用于解决其他问题。	□ 很好　□ 一般　□ 困难
7．在测试过程中，我能够发现问题、调整参数、改进并优化作品。	□ 很好　□ 一般　□ 困难
8．我能够根据成果展示，从作品质量、外观等方面评价本组及其他小组的独居老人看护系统作品。	□ 很好　□ 一般　□ 困难

（续表）

评价说明	评价等级
9. 我制作的独居老人看护系统能够达到甚至超越预期效果。	☐很好　☐一般　☐困难

课程分析：素养本位的人工智能科创课程要求学生具备基础知识与技能、必备品格和关键能力三大类素养。为实现这一目标，该课程体现了以下设计原则和实施策略：

1．育人为本，立德树人。课程紧密贯彻党的教育方针，强调育人为本，充分落实立德树人的核心任务。通过课程的设计与实施，引导学生在科技创新中培养正确的价值观和社会责任感。

2．知识与技能融合。课程注重知识和技能的融合，鼓励学生将所学知识和技能应用于实际探究中。通过项目驱动的方式，将知识与实际应用相结合，培养学生解决实际问题的能力。

3．项目主题驱动：课程以项目驱动为学习核心，按大单元和活动任务单的结构进行教学设计。以项目为驱动力，例如原型开发、再设计与微创新等，增强学生的动手能力和创造力。

4．以学生为中心，多元教学。课程采用以学生为中心的教学方式，关注学生的个性发展和学习需求。教学活动包括师生互动和学生自主学习，旨在激发学生的学习兴趣和创造潜能。

5．关注关键能力和品质。在具有多样教学活动任务的课程中，学生将学习如何使用计算机编程技术，掌握各种开源工具、实践创新和解决实际问题的方法。课程旨在培养学生的设计思维、工程思维和计算思维等关键能力和必备品质。

6．一体化设计，多元化评价。课程的"教—学—评"一体化设计，注重对学生能力和素养的评价。它的评价方式多样，包括项目报告、作品展示、学习日志、口头表达等，全面客观地评价学生的学习效果和综合素质。

通过以上设计原则和实施策略，该课程将有效提高学生的人工智能技术水平和综合素质，培养具备创新能力、解决问题能力和社会责任感的优秀人才。

4．素养本位的创新教学模式构建

我们致力于创造一个以培养创新能力为核心的教学模式。该模式强调培养学生的创新思维和问题解决能力，使之能够积极应对信息化时代的挑战。

（1）4C教学模式的构建

为了解决当前创新能力培养中存在的"窄口径"和"高要求"的矛盾，以及"知识提升缺乏层次和结构"的问题，在参照《义务教育信息科技课程标准（2022年版）》中的"场景分析—原理认知—应用迁移"教学建议的基础上，工作室的理论导师团队——华南师范大学钟柏昌教授团队在人工智能课程教学实施模式方面提炼了面向创新能力培养的"4C教学模式"[①]。它包含4个环节，分别是"聚类教学"（Clustering，C1）、"概念提取"（Conceptualizing，C2）、"关联内化"（Correlating，C3）和"迁移应用"（Changing，C4），合称为"4C教学模式"，如图5所示[②]。该模式注重学生自主建构的同时，强调教师的引导。每个阶段都设有相应的师生互动活动，以达到教学效果的最大化。

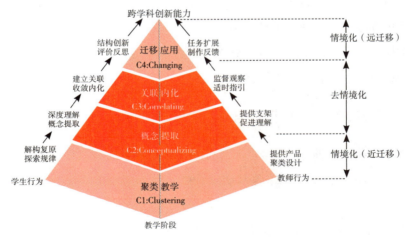

图5　面向创新能力培养的4C教学模式

① 钟柏昌，刘晓凡. 跨学科创新能力培养的学理机制与模式重构［J］. 中国远程教育，2021（10）：29-38+77.

② 钟柏昌，刘晓凡. 创新能力培养的学理机制与4C教学模式建构［J］. 现代远程教育研究，2021，33（4）：20-32.

（2）关键思想的融合

我们认为四类思想，即大概念、深度学习、归纳推理和聚类思想，可以为新教学模式的构建提供有益的启示。这些思想不仅与学生创新能力的培养密切相关，还有助于重新组织教学内容和流程，重塑教学结构。其中，聚类思想有助于确定新模式的教学策略与设计思路，深度学习理念契合新模式形成有助于培养创新能力的教育理念与价值追求，归纳推理则是从聚类学习走向深度学习的重要认知环节。

在教学模式中，大概念贯穿4个环节，通过循环的"情境化→去情境化→情境化"的过程，引导学生从具体问题中抽象出概念（归纳），再将其应用于新的情境中（演绎），每一次演绎都进一步加深了对大概念的理解，从而增强学生的创新能力。这种具象和抽象的互动蕴含了杜威所描述的归纳和演绎两种思维，"归纳性运动是要发现能起联结作用的基本信念，演绎性运动则是要检验这一基本信念能否统一解释各分隔的细节，从而在此基础上将它予以肯定或否定或修正"[①]。

通过这种循环往复的教学模式，学生可以逐步掌握人工智能科技领域的基础知识和技能，同时也能够培养跨学科能力、创新思维和计算思维等。这种教学模式具有广泛的涵盖面，强调实践性和社会性，有助于培养学生面对复杂问题时的综合素质和创新能力。

5. 素养本位的大单元项目式学习实践

这一策略旨在推动素养本位的大单元项目式学习实践，以促进学生在跨学科背景下全面发展，培养其团队合作、创新思维以及解决实际问题的能力。

（1）引入项目式学习方法。该策略在素养本位的人工智能教育主题大单元学习实践中采用了项目式学习的方法。这种方法将课程内容进行聚类性的大单元设计，并在每个大单元中设立多个主题小项目（单元），以便学生

[①] 约翰·杜威. 我们如何思维［M］. 伍中友，译. 北京：新华出版社，2010.

能够在实际问题中进行深入的学习和实践。

（2）多阶段活动任务设计。在每个主题小项目中，设计了一系列多阶段的活动任务，如问题分析与确定、项目设计、项目实施、项目展示交流、评价总结等。这样的任务设计能够引导学生从问题的分析到解决方案的实施，再到总结与反思，逐步深入学习。

（3）教师引导与学生自主学习。在项目式学习中，教师不仅充当引导者和指导者的角色，还鼓励学生主动探索和思考。通过提供适当的学习资源和学习支架，教师可以引导学生进行深度学习，培养他们自主学习和合作学习的能力。

（4）跨学科融合。项目式学习的特点使得跨学科融合成为可能。学生需要综合运用各学科领域的知识和技能来解决问题，从而增强跨学科思维和综合能力。

（5）课例概述：素养本位的单元项目式学习探索。

前沿课例丨素养本位的单元项目式学习探索

2022年，义务教育信息技术课程首次被纳入国家级课程标准，改名为"信息科技"，聚焦数字化时代学生素养与技能的培养。这一改变引发了课程目标、内容和实施方案等一系列的变化。在此背景下，什么样的课堂教学才能达到素养本位下的育人要求？

2022年6月10日，广东省杨明欢名教师工作室联合华南师范大学教育信息技术学院、中国教育技术协会信息技术专业委员会创客与跨学科教育研究组、天河区教育信息和装备服务中心共同举办了"基于核心素养导向的中小学人工智能"课堂研修活动，一堂以"电子门牌的设计与制作"为主题的单元示范课，为面向数字时代的课堂教学做了前沿探索。

该课堂以创客活动为主要形式的课程设计，引导学生从设计、制作到展示完整地体验信息科技的应用；或者采用项目式学习的方式，以小组为单位进行实践探究，培养学生的合作精神和创新能力。

华东师范大学杨晓哲教授评价，该课堂教学有四大亮点：

1．以学生为中心，强调实践。信息科技课程的教学应从学生的需求和兴趣出发，注重培养学生的实践能力，让他们通过实践掌握知识和技能。教师应提供适当的指导和支持，鼓励学生主动参与，培养他们的创造力和解决问题的能力。

2．跨越单元和主题。信息科技课程的实施需要跨越不同的单元和主题，将课程内容与现实生活情境紧密结合，让学生能够在现实中体验和应用所学知识和技能。通过跨学科的融合，促进学生的综合素养发展。

3．从单一技能的了解与掌握，到真实情境的方案设计。信息科技课程需要注重学生对真实问题的解决能力，引导学生从单一技能的了解和掌握逐渐过渡到真实情境的方案设计。

4．利用信息技术手段进行在线教学和互动学习。信息科技课程可以借助线上线下融合的方式，在跨班级、跨地域、多教师实践共同体的支持下进行教学。教师可以利用信息技术手段进行在线教学和互动学习，提供个性化的学习支持和反馈，以提升学生的学习效果和教师的教学水平。

一、聚焦真实情境的问题解决，以学生为主体，强调实践

随着义务教育新课标的颁布，信息科技教育课程属性的变化引起了教学模式的一系列变化。在方向上，从"知识技能学习"转向"解决问题能力的发展"。在内容上，信息意识、计算思维、数字化学习与创新、信息社会责任四大核心素养贯穿于数据、算法、网络、信息处理、信息安全、人工智能六条主题线索中。

针对这些变化，素养本位下的课堂教学应当聚焦真实情境问题解决，以学生为主体，强调实践。通过以问题为导向的学习方式，学生可以在实践中掌握知识和技能，并锻炼解决问题的能力。在这个过程中，学生们可以通过小组合作，发挥各自的聪明才智，共同解决实际问题。

这次示范课以校园场景为主题，让学生制作一个适用于迎宾或其他场所的电子门牌。通过对"原型开发""再设计与微创新""作品展示交流"三个课时项目内容的学习，使学生完成单元学习目标。

在课程设计中，教师以项目小组合作的方式引导学生通过学习支架牵

引，完成具有挑战性的学习任务，让学生在实际操作中逐步掌握知识和技能。同时通过项目成果汇报和互评活动，提高学生的评价能力和自我反思能力。

本课例共三个课时，时长120分钟。在第一课时，项目组成员分工协作，制作电子门牌的系统规划，并结合评价量规，完成自评。在第二课时，项目组成员再次分工，通过三个进阶任务，完成了第一版电子门牌系统规划的迭代。在第三课时，项目组成员通过设计广告词和编写程序，使用开发板完成小组作品的广告推介，并做项目成果汇报。最后，结合教师提供的评价量规表格，小组之间完成互评和反馈。

总之，一个素养本位下的育人课堂应当关注学生的实际需求，注重问题解决能力的培养，并采用实践性强、互动性强的教学方式，让学生在实践中掌握知识和技能，培养其创新思维和团队协作精神，从而实现素质教育的目标。

二、跳出课时，走向单元"教—学—评"一致性的大单元整体教学

大单元整体教学的方式能够更好地帮助学生掌握知识和技能，培养学生的综合素质和创新能力，同时也符合现代教育的发展趋势和"学以致用"的教育理念。

1. 确定整体单元目标。在大单元整体教学中，确保每个单元都有清晰明确的目标。这些目标应该与核心素养和课程要求相一致，并能够提供有挑战性的学习任务，以促进学生的深度学习和广度学习。

2. "教—学—评"一致性。确保教学设计中的各个方面相互协调，体现"教—学—评"的一致性。课时目标、评价任务、学习过程和课堂小结等环节应该相互衔接，相互支持，形成一个有机的教学系统。评价任务可以嵌入到学习过程中，通过检验学生的知识和技能掌握情况来引导学生的学习和思考。课堂小结和回顾则能够帮助学生回顾学习过程和成果，加深对知识的理解和记忆。

3. 学生参与和反思。在大单元整体教学中，鼓励学生积极参与和反思。学生可以在学习过程中与同伴合作，共同解决问题，培养团队协作精

神。同时,提供机会让学生反思学习过程和成果,发现问题和改进的空间,促进他们的自主学习和思考能力的发展。

三、线上线下融合实践:跨班级、跨地域、多教师实践共同体

《义务教育课程方案和课程标准(2022年版)》明确了技术融合在整个教育教学过程中的价值。从过去的计算机辅助教学到"互联网+教育",再到"人工智能+教育",新技术背景下的学习环境与方式正在经历深刻的变革。新课程标准要求深化教学改革,落实因材施教,创设以学习者为中心的学习环境,强调学生的学习主体地位,实施差异化教学,提供个别化指导,满足学生多元化的学习需求。同时,引导学生明确目标、自主规划并自我监控,提高自主、合作和探究学习能力,培养良好的思维习惯。新技术的优势也得以充分发挥,探索线上线下深度融合,服务个性化学习。在教学评价方面,推动考试评价与新技术的深度融合。

为了实现线上线下融合实践和跨班级、跨地域的学习共同体,在本次单元教学实践中连接了广州市天河区华阳小学、佛山市顺德区龙江城区中心小学和广州市天河区体育东路小学兴国学校的三个班级的学生以及三位教师运用了ClassIn数字化教学平台,共同完成了一堂极具复杂性的线上线下融合课。整个课程的学习过程、数据和记录都可以生成和追踪。通过线上线下智能系统的充分结合,课堂形式的深度和广度得到了拓展。

在不断深化的基础教育改革背景下,越来越多的教育者通过实践和探索,以课堂为起点,开启了一系列教学变革。新课程标准的发布更加强调培养学生的核心素养和创新能力,推动教育教学朝着以学生为中心、以素养为基础的方向发展。面向智能时代的教育将迎来一种全新的教学范式:以真实情境为基础的深度学习,以问题解决为核心的进阶评估,以素养为导向的单元设计,以线上线下智能教学系统为平台的教学实践。这种教育模式能够充分利用资源进行联通,以评价推动教学,使学生成为教学的主体。通过工具和技术的应用,形成反馈—评价—诊断—自适应的学习过程,实现因材施教的个性化教学。

（6）主题单元学历案案例：电子门牌的设计与制作

下面以"电子门牌的设计与制作"为例，展示广东省杨明欢名教师工作室学员的主题单元学历案案例。

表4.6 "电子门牌的设计与制作"单元概览

单元名称：电子门牌的设计与制作			
学校	广州市天河区华阳小学 广州市天河区体育东路小学兴国学校 佛山市顺德区龙江城区中心小学	学科	信息科技
		年级	五年级
		设计者	黎娜、苏楚缘、宁靖
教材	"中小学人工智能创新实践教育系列" 第二册：《智能门系统》	对应章节	项目四"电子门牌的设计与制作"
		课时	3课时

一、你敢挑战吗？

　　最近，学校新采购了一块显示屏，但我们还没有确定它的用途、安装位置以及显示内容。为了解决这些问题，我们计划进行分组讨论并制订方案，然后利用人工智能开发板设计和制作一款校园显示屏。我们将评估每个小组的设计，看看哪个小组的方案最实用、最具创意且合作默契。你敢接受挑战吗？一起为学校创造一款令人惊叹的电子门牌吧！

二、你将学习哪些知识？

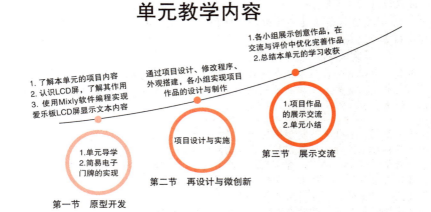

单元教学内容

1.各小组展示创意作品，在交流与评价中优化完善作品
2.总结本单元的学习收获

通过项目设计、修改程序、外观搭建，各小组实现项目作品的设计与制作

1.了解本单元的项目内容
2.认识LCD屏，了解其作用
3.使用Mixly软件编程实现爱乐板LCD屏显示文本内容

1.项目作品的展示交流
2.单元小结

第三节　展示交流

项目设计与实施

第二节　再设计与微创新

1.单元导学
2.简易电子门牌的实现

第一节　原型开发

（续表）

三、期望你学会什么？

1. 信息意识。在设计制作电子门牌的过程中，培养对生活中的信息表达的意识，了解在不同场景下使用显示屏传递信息的需求，学会以适当的方式表达信息，如宣传、分享、广告推介等。结合个人的生活经验和作品特点，能够提取作品的创意和主题。

2. 计算思维。掌握使用顺序、分支、循环等结构性描述程序设计过程的能力，通过项目设计、程序设计、外观搭建以及作品展示和交流等，初步形成利用计算思维解决实际生活问题的能力。同时，学会应用人工智能技术提升作品的实用性和创意性。

3. 数字化学习与创新。（1）通过使用微课、UMU互动平台等数字化学习工具，参与课堂学习和交流，提高数字化学习能力；（2）运用数字媒体展示和交流作品，提升利用数字化资源进行创意表达和团队合作的能力。

4. 信息社会责任。（1）认识到显示屏作为一种传播媒介具有公共性，需要对社会和公众负有责任和义务，确保内容真实、客观，并传递正能量；（2）通过使用开源硬件如人工智能板制作校园LCD显示屏创意作品的过程，培养解决实际问题的意愿和校园主人翁意识，提高对信息社会责任的认识和责任感。

四、给你支招

1. 为何学？（学习目标）

本单元旨在让学生了解显示屏在生活中的广泛应用，并通过学习LCD显示屏的显示原理和编程实现文本显示效果，设计与制作一款校园显示屏创意作品，提升信息技术和团队协作能力。

2. 如何学？（学习方法）

（1）教师可以提出问题，引导学生分组讨论项目分工及任务，并结合微课资源包等方式进行项目式学习；

（2）学生可以通过线下和线上交流讨论，完成项目作品的创作与展示，提高团队沟通和协作能力。

3. 学习资源与建议

教材、微课资源包、单元学历案、点阵笔、评价平台、ClassIn在线学习平台等资源可以帮助学生更好地掌握本单元内容。同时，建议学生多动手实践，培养编程思维和创新能力。

设计说明：教师开展基于深度学习的项目式学习设计的目的是为学生搭建一个有效的学习框架。同样地，课程教材首先需要为教师组织项目学习活动，搭建内容进阶的支持框架。"中小学人工智能创新实践教育系列"为教师有效开展基于深度学习的项目式学习设计提供了所需的课程内容和学习活动框架。然而，如果教师们只是简单地阅读某一节课的教材并对某一课时进行教学设计，他们将只能获得零散的知识和技能，很难理解各个课时之间的关联以及教材编写者的设计意图。

（续表）

　　为了帮助教师和学生整体把握项目的三个课时之间的关联，我们可以从"你敢挑战吗？"的真实性问题出发，以激发学生的学习兴趣。在第一课时中，我们可以通过学习项目设计、外观搭建、程序设计等，完成第一轮完整的项目实施，制作出一个基础款的电子门牌的原型。在第二课时中，我们将再次进行设计和微创新，创意设计电子门牌的外观、功能和文字显示效果，从而形成一个新的项目作品。这是第二轮项目设计与实施。最后，我们将进行作品展示和交流，进行项目的互评和自评总结。

　　该项目分为三个课时，教学内容采用了大单元的设计，通过单元将各个课时进行关联。教师们采用比较新颖的网络互动教学平台的方式，线上线下联合开展三校三师的大单元教学。三所学校分别是广州市天河区华阳小学、佛山市顺德区龙江城区中心小学和广州市天河区体育东路小学兴国学校。三位教师分别对来自三所学校的三个班级的学生进行一个项目的大单元教学。可以看出，第一课时、第二课时和第三课时是一个迭代优化的整体设计，对应整体单元的学习目标，并有相应的评价任务、教学活动以及技术的融合支持。该项目实现了三校师生线上线下教学的深度融合，共同合作完成任务，促进学生的交流、学习和发展。

　　该项目是广东省杨明欢名教师工作室导师团队——华南师范大学钟柏昌教授团队提出的4C教学模式的实际应用，体现了聚类教学、概念提取、关联内化和迁移应用的教学策略。教师们通过编制单元学习方案，将多个课时的内容以一个主题框架关联起来，从单元目标、评价任务到整个活动的设计，实现了教学一致性，促进了项目作品的优化迭代，并通过展示交流与评价来培养学生的创新素养。

　　本次大单元的主线是制作一个电子门牌，教师们将问题聚焦到校园内，设计成一个大型项目："校园最近采购了一块新的显示屏，用途是什么？应安装在哪个位置？应显示什么文字内容？以及何种文字效果最合适？"这些问题具有开放性、真实性和复杂性，能够激发学生的学习兴趣，将三个课时的内容紧密关联起来，促进学生高阶思维和创新能力的发展。

　　同时，单元学习方案是学生学习的指导方案，其中提供了学习资源和建议，可以作为课前导学、课中辅助学习和课后促进学习的学习认知地图，加深学生对项目的认识，促进深度学习。学生在每节课学习时都可以使用单元学习方案，更好地了解大单元的学习内容、目标和评价任务。

　　因此，大单元设计的思路主要包括两个方面：一是从大单元的角度来理解教材的内容和结构；二是编制单元学习方案，进行大单元整体设计。

单元第一课时学历案

名称：原型开发

一、课时目标

1. 了解显示屏，能运用显示屏算法编程。

2. 能根据实际内容需要灵活调整，实现显示屏的创意表达。

3. 通过小组合作、实践等，设计和制作原作品，具备电子门牌设计与制作的基本能力。

二、评价任务

1. 完成任务一（检测课时目标 3）。

2. 完成任务二（检测课时目标 1、3）。

3. 完成任务三（检测课时目标 1、2、3）。

三、学习过程

热身活动

活动1：了解、熟悉三位老师的信息。

活动2：请各小组成员通过ClassIn平台与组内成员进行互动。

任务一

活动3：请小组讨论后，将呈现校园文化标语的电子门牌实现环节填写到小黑板并上传。

任务二

活动4：请根据电子门牌的相关子任务，四人小组讨论，进行成员分工并填写下面的项目计划书（表4.7）。

表4.7　项目计划书（一）

组名		小组成员	
项目名称	电子门牌	指导老师	
电子门牌的系统规划	功能设想： 我想象中的电子门牌是这样的： 答：电子门牌通过显示屏呈现校园文化标语欢迎到访教师。		
	系统组成： 实现上面的功能需要用到下面这些材料： ☑ 主控板　　☑ 数据线　　☑ LCD显示屏　　☑ SD卡		
项目分工	组长：	负责：	
	组员1：	负责：	
	组员2：	负责：	
	组员3：	负责：	

任务三

活动5：各小组利用提供的材料，根据项目计划分工，互相学习和配合，制作电子门牌。（检测课时目标1、2、3）

活动6：请各小组代表上台，在两分钟内展示项目计划书和作品，说说项目实施过程中最想分享给大家的一个地方吧！其他小组进行点评，给出修改建议。

课堂小结

1．通过ClassIn举手上台的操作，分享项目实施完成后的个人收获与感想，并总结显示屏原理和编程算法。

2．根据自己在小组中的整体表现，在自我评价表（表4.8）中给星星涂上颜色吧！

表4.8　自我评价表

收获	得分	收获	得分
我能明确电子门牌的功能需求并制订出较完整的设计方案。	☆ ☆ ☆	我能与小组同学合作搭建、装饰电子门牌的外观。	☆ ☆ ☆
我能与小组同学合作填写电子门牌算法流程图并成功编写程序实现其功能。	☆ ☆ ☆	我能在测试过程中发现问题、调整参数、改进作品。	☆ ☆ ☆
其他	我还学会了：＿＿＿＿＿＿＿＿＿＿＿＿＿＿＿＿＿＿＿。		

设计说明：第一课时是原型开发阶段，旨在介绍学习目标、项目的研究方向和可用的学习资源。教师在单元学习方案中提供指引，帮助学生明确研究内容和研究方法，并提供相关的学习资源。在小组内，学生需要协商确定自己的角色和任务分工，以便分担工作量，共同完成项目任务。教师以问题为导向，引入项目式学习内容，帮助学生展开自主探究和合作学习。学生会使用点阵笔记录他们的设计思路，并使用图形化编程实现电子门牌的中英文文字的显示效果。最后，学生将使用激光切割结构部件，制作简易的校园电子门牌，并展示他们的成果。

单元第二课时学历案

名称：再设计与微创新

一、课时目标

1．通过头脑风暴，能完整填写思维导图，能在校园内发现显示屏在应用场景、功能和外观上可以再创新的地方，并选择合适的方案实施，培养系统评估的能力。

2．通过小组讨论，能填写一份完整的项目计划书，提升团队协作解决问题的能力。

3．通过合作、实践等，能再设计和改进原作品，增强创新意识和数字化合作与探究的能力。

二、评价任务

1．完成任务一、二（检测课时目标 1）。

2．完成任务三（检测课时目标 2、3）。

三、学习过程

热身活动

活动1：三校同学通过ClassIn平台进行网络互动。

任务一

活动2：请同学们观看视频，思考视频里显示屏的效果和上节课的效果有什么不同？（用抢答器进行抢答）

活动3：请两人一组合作编程，在两分钟内尝试做出轮播效果。（完成的用举手功能告诉老师）

任务二

活动4：请四人一组头脑风暴，思考并在下面填写你们能想到的场景、外观和功能。（检测课时目标1）

任务三

活动5：请四人小组讨论，填写下面的项目计划书（表4.9），并分工合作完成作品的再设计吧！（检测课时目标 2、3）

表4.9 项目计划书（二）

组名		小组成员	
项目名称	电子门牌	指导老师	
电子门牌的系统规划	功能设想： 我想要重新设计的作品是这样的： _____ 跟前面做的作品有哪些不同： _____		

系统组成：
实现上面的功能需要用到下面哪些材料呢？（可以寻求老师帮助）

☐ 主控板　　☐ LED灯　　☐ 风扇

☐ 数据线　　☐ LCD显示屏　　☐ 蜂鸣器

其他：_____

（续表）

项目分工	组长：	负责：
	组员1：	负责：
	组员2：	负责：
	组员3：	负责：

活动6：请在两分钟内展示项目计划书和作品，说说项目实施过程中最想分享给大家的亮点吧！

课堂小结

1．请用一分钟在小黑板写上这节课所学到的关键词并上传。

2．根据自己在小组中的整体表现，在自我评价表（表4.10）中给星星涂上颜色吧！

表4.10　自我评价表

收获	得分	收获	得分
我能发现作品可以再设计和创新的地方。	☆ ☆ ☆	我能和小组成员合作完成项目作品的再设计与优化。	☆ ☆ ☆
其他	我还学会了：_____。		

3．请同学们在 ClassIn 上用答题器完成检测题。

设计说明：在第二课时，老师首先展示上一个课时学生完成的基础作品。在这个作品中，学生可能会发现一些与之前不同的文字显示效果。老师可以组织学生进行交流分享，例如讨论如何实现文字的轮播效果等。

接着，老师借助单元学历案，引导学生思考如何从用途、功能、外观、字体、内容、显示效果等方面对电子门牌进行优化改进，不限于校园门口的电子门牌，可以是任意场景的电子门牌的设计。这将有助于学生开拓思路，并激发出更多的创意。

在正式进行项目作品设计之前，老师借助单元学历案中的思维导图，引导学生从外观、功能、用途等方面进行头脑风暴，以达到更好的设计效果。然后，学生可以结合自己的思考，进一步优化改进项目作品。

在整个学习过程中，老师可以鼓励学生交流分享自己遇到的困难，并一起思考解决方法，以便更好地完善和优化作品。

单元第三课时学历案

名称：作品展示交流

一、课时目标

1．通过设计广告词和编写程序，能使用开发板完成小组作品的广告推介，感受信息表达的效果。

2．通过作品广告推介、作品展示交流环节，体验创作带来的满足感和成就感，增强创新意识和运用数字化资源实现创意表达的能力。

3．能从语言表达、作品设计、PPT展示等方面综合评价各小组的展示，能根据图表数据分析展示小组的优势与不足，并提出建议。

4．在回顾项目的学习过程中，了解项目设计的一般步骤，能对自己的学习表现进行综合评价。

二、评价任务

1．完成任务一（检测课时目标1、2）。

2．完成任务二（检测课时目标2、3）。

3．完成任务三（检测课时目标4）。

三、学习过程

热身活动

活动1：师生互动，简单回顾前两课的学习内容。

任务一

创意作品广告推介。

活动2：试一试（指向课时目标1、2）。

①选配乐（2选1，勾选）：温馨版（　　　）欢快版（　　　）

②广告词：

③卡纸呈现的2—4个关键词：（　　　）（　　　）（　　　）（　　　）

活动3：说一说（检测课时目标1、2）。

小组成员分工合作（角色分工可参考上图），完成15秒的作品推介。请其他同学说一说最喜欢哪一组的设计，并说说理由。

任务二

创意作品展示交流

活动4：展示与评价（检测课时目标2、3）。

规则说明：

1．每次选1位同学上台随机抽取展示小组。

2．被抽中的小组进行作品展示（功能、特点、作用、制作过程等方面），3分钟内完成。

3．该同学对小组展示进行点评（优缺点与修改建议）。

4．组长对这位同学的点评作简单回应。

5．观众参与点评。请根据小组展示评价表（表4.11），对展示小组进行评分。

表4.11　小组展示评价表

评价项目	评分标准	分值占比	第1组	第2组	…
语言表达 （20%）	声音清晰，语言流利，层次分明，表达准确	10%	☐优 ☐良 ☐中 ☐差	☐优 ☐良 ☐中 ☐差	☐优 ☐良 ☐中 ☐差
	时间控制合理	10%	☐优 ☐良 ☐中 ☐差	☐优 ☐良 ☐中 ☐差	☐优 ☐良 ☐中 ☐差
作品设计 （60%）	作品外形美观	20%	☐优 ☐良 ☐中 ☐差	☐优 ☐良 ☐中 ☐差	☐优 ☐良 ☐中 ☐差
	方案详细、清晰、完整	20%	☐优 ☐良 ☐中 ☐差	☐优 ☐良 ☐中 ☐差	☐优 ☐良 ☐中 ☐差
	具有特色和创新点	20%	☐优 ☐良 ☐中 ☐差	☐优 ☐良 ☐中 ☐差	☐优 ☐良 ☐中 ☐差
PPT制作 （20%）	内容简练、准确、规范	10%	☐优 ☐良 ☐中 ☐差	☐优 ☐良 ☐中 ☐差	☐优 ☐良 ☐中 ☐差
	排版合理，能使用图片、视频、音频等多种形式呈现内容	10%	☐优 ☐良 ☐中 ☐差	☐优 ☐良 ☐中 ☐差	☐优 ☐良 ☐中 ☐差

活动5：根据教师提供的平台数据，尝试进行数据分析，为相应的小组提出学习建议（指向课时目标3）。未参与展示的小组可以在课后拍摄小组作品介绍视频，上传到网络平台，一同参与两项大奖的评选。

单元总结

活动6：回顾整个项目学习过程，你们小组是怎样逐步将头脑中的想法变成真实的创意作品的？请按顺序填一填（指向课时目标4）。

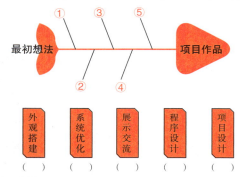

活动7：讨论与反思。

围绕以下方面谈论学习收获、不足之处以及如何改进。

单元总结

单元学习总评价

回顾你在本单元中的项目学习表现，在学习表现评价表（表4.12）中选择合适的等级。

表4.12　学习表现评价表

评价说明	评价等级		
1. 我理解了电子门牌的基本概念。	□很好	□一般	□困难
2. 我理解了电子门牌系统的基本组成和运行方式。	□很好	□一般	□困难
3. 我掌握了显示屏的技术原理，了解了显示屏的应用场景。	□很好	□一般	□困难
4. 我能够明确电子门牌的功能需求，根据设计方案提出较完整的问题解决步骤。	□很好	□一般	□困难
5. 我能够挑选出合适的硬件及相关材料，并能成功搭建与装饰电子门牌的外观。	□很好	□一般	□困难
6. 我能够正确填写电子门牌的算法流程图，成功编写程序指令，并将其迁移运用于解决其他问题。	□很好	□一般	□困难
7. 在测试过程中，我能够发现问题、调整参数、改进并优化作品。	□很好	□一般	□困难
8. 我能够根据成果展示，从作品质量、外观等方面评价本组及其他小组的电子门牌作品。	□很好	□一般	□困难
9. 我制作的电子门牌能够达到甚至超越预期效果。	□很好	□一般	□困难

设计说明：第三节课是在前两节课的基础上进行的，旨在通过创意作品、广告推介和作品展示等环节，组织各小组展示和交流他们的项目作品。在这个过程中，老师将组织学生进行自我评估和互评，评估标准包括项目完成度、作品质量和学习态度等方面。学生可以利用笔记记录单元学历案的内容，同时我们的平台可以实时记录学生的过程性数据，并生成评价结果。学生可以结合数据进行反思和讨论，而老师则可以基于这个过程组织学生对项目进行总结，反思项目流程，并总结学习的收获。

从最初的简易校园迎宾电子门牌到校园创意电子门牌的设计，再到展示作品、评价交流和单元总结，将整个项目作为一个大单元进行整体实施，有利于促进学生在跨学科创新能力方面的成长。通过这种综合性的学习设计，学生有机会运用所学的知识和技能，展示他们的创意和解决问题的能力，并在评价和反思中不断提升自我。

单元学后反思

一、单元设计依据

1．课标要求

《义务教育信息科技课程标准（2022年版）》倡导"信息科技课程的教学要以落实立德树人根本任务为导向，以培养学生数字素养与技能为目标，以学生已有的知识、技能和经验为起点，遵循学生学习规律，系统设计学习活动，突出用信息科技解决学习、生活中的问题，为学生创设自主、合作、探究的学习情境和知、情、意、行融合发展的成长环境"。同时，在课程理念上还强调"强化素养导向的多元评价，注重评价育人，强化素养立意"。因此，为了更好地落实课程标准，探讨核心素养导向下的课程建设与课堂教学变革，是当今教育工作者思考与探索的方向。

结合2019年《中共中央 国务院关于深化教育教学改革全面提高义务教育质量的意见》中第八条，教学方式应"坚持教学相长，注重启发式、互动式、探究式教学……融合运用传统与现代技术手段，重视情境教学；探索基于学科的课程综合化教学，开展研究型、项目化、合作式学习"，以及第十一条，在信息技术与教育教学融合应用方面应"推进'教育+互联网'发展……积极探索基于互联网的教学"，本课程将探索基于互联网的课堂教学，开展高质量的学科项目式课程综合化教学，并将其作为研究主题与目的。

2．教材内容

本课程所使用的教材为"中小学人工智能创新实践教育系列"的第二册《智能门系统》中的第四个主题项目"电子门牌的设计与制作"，共包含三个课时。主要教学内容包括显示屏的技术原理和应用场景，使用Mixly图形化编程实现LCD显示屏的文本显示效果，并基于此设计和制作一款电子门牌。

为了让学习内容更贴近学生的生活实际，激发学生的学习兴趣和热情，教师会紧密结合教学内容对活动任务进行微调。通过一个更具体的真实情境问题"校园新购置了一块显示屏，如何最大化地发挥它的功能？"设计一个三个课时的任务链。这不仅让任务更加开放和富有挑战性，而且还贴近了学生的校园生活场景。

3．学情分析

本次教学对象为五年级学生。通过前几个主题的项目学习，学生对人工智能主控板已经有了一定的了解，能够使用数据线将主控板与图形化编程软件Mixly进行连接，并能够使用Mixly软件进行简单的程序设计。学生对显示屏在日常生活中的应用比较常见，对其有一定的了解和认识。然而，Mixly编程需要先加载中文字库进行转码，以显示图像的方式绘制文本，最终实现LCD显示屏的文本显示，学生在理解这一算法的原理时可能存在一定的困难。

这个年龄段的学生已经具备了一定的自学能力和小组互助意识，对新奇有趣的事物和表达有浓厚的兴趣，喜欢探究和探讨问题，对本单元的学习具有较高的学习热情。此外，他们还具备一定的逻辑思维能力和分析能力，乐于通过创作来表达自己的想法并与他人交流分享收获。因此，在教学过程中可以充分利用学生的自主性和探究性，设计一些具有探究性的学习任务和项目，通过小组合作学习的方式来提高学生的学习效果。

二、单元设计创意

1．单元设计思路

（1）本课通过大项目组织学习小单元（小项目），对应各个课时内容，促进"教—学—评"的一致性，指向学科核心素养的培养。

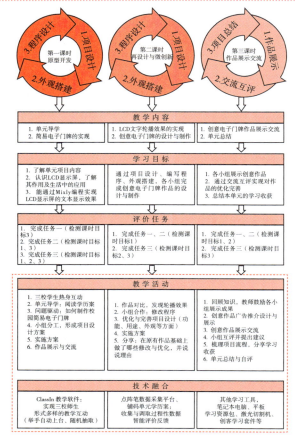

（2）单元活动的结构化设计

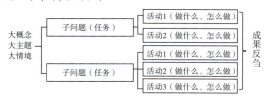

说明：对应主题内容的各个子问题/子任务/子项目/，结构化设计单元各个课时活动，促进知识进阶、能力进阶和思维进阶，从浅层学习走向深度学习。

2．单元设计创意

（1）大情境整体教学，以真实问题/项目驱动，促进真实性学习，实现"做中学""用中学""创中学"，聚焦大情境下真实问题的解决。

（2）注重评价育人，强化素养立意。学习评价系统包括评价方式多样化，评价主体多元化，评价数据多模态。

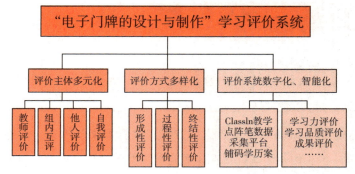

评价方式包括形成性评价、过程性评价和终结性评价，注重形成性评价、过程性评价与终结性评价相结合。

表4.13　"电子门牌的设计与制作"评价方式

评价方式（形成性评价、过程性评价、终结性评价等）	对应课时
过程性评价（课堂表现、思维能力、学习发展等方面）	第一课时
过程性评价（课堂表现、思维能力、学习发展等方面）	第二课时
过程性评价（课堂表现、思维能力、学习发展等方面） 终结性评价（作品小组互评）、形成性评价（单元学习总评价）	第三课时

说明：课堂教学评价需要注意素养导向、基于证据的多元评价，实现以评促学。

（3）精心设计单元检测作业与学后反思（表4.14），用学科思维去理解世界。

表4.14　单元检测作业与学后反思

各课时	检测作业	学后反思
第一课时	1. 完成项目设计书（一）。 2. 初步制作出校园迎宾电子门牌。	结合项目设计书（一）与作品，归纳总结本课所学的知识。
第二课时	1. 完成项目设计书（二）。 2. 优化改进原电子门牌，形成"校园创意电子门牌"作品。	结合项目设计书（二）与优化改进后的项目作品，联系校园实际情况说出你的观点与想法。

（续表）

各课时	检测作业	学后反思
第三课时	1. 完成项目作品展示PPT。 2. 完成本项目的自我评价。	1. 梳理三个课时所学的内容，思考完成项目作品的一般步骤。 2. 思考本单元所学的知识还可以应用到生活中的哪些场景。

说明：教育正逐渐从"知识本位"向"素养本位"转变。这意味着我们不再仅仅关注学生的知识掌握情况，而是更注重学生运用所学知识解决真实问题的能力，以及对于知识背后的价值和意义的认识。

同时，教学也正在逐渐从"学习专家结论"向"学习专家思维"转变。这意味着我们不再仅仅关注学生能够背诵和掌握学科知识，而是更注重学生能够通过学科思维方式去认识和理解世界。这种思维方式包括系统思维、创新思维、批判性思维等。这些思维方式可以帮助学生在学科学习中更加深入地发现问题、思考问题和解决问题。

基于素养本位和学习专家思维的理念，我们应该注重培养学生的核心素养，例如批判性思维、创新能力、合作能力、信息素养、沟通能力等。这些素养不仅可以帮助学生在学科学习中获得更多的收获，还可以帮助他们更好地适应未来社会和职业发展的变化。

为了培养学生的核心素养，教师可以采用多样化的教学方法和评价方式。例如，可以设计开放性的项目任务，让学生在实际情境中运用所学知识，培养解决问题的能力和创新思维。同时，可以鼓励学生进行合作学习，培养他们的合作能力和团队精神。在评价方面，可以注重对学生的思维过程和解决问题的策略进行评价，而不仅仅关注结果。

三、教学实施建议

1. 大单元设计要注重"前"和"后"的设计，即第一课时的单元导学和最后一课时的单元总结。单元导学有助于学生初步了解单元知识结构，最后一课时的单元总结则能帮助学生在整体把握知识的基础上，通过学后反思促进对学科大概念的理解，从而发展学科核心素养。

2．评价任务应该贯穿于教学过程中，尤其是过程性评价。通过评价任务，教师能够及时了解学生的学习情况和目标达成情况，以便随时调整教学，实现"教—学—评"一致性。

3．注重知识进阶，包括各课时的时间分配和知识关联。通过设计真实的问题情境，以及体现知识能力递进的任务链和活动链，促使学生主动建构知识，实现知识进阶，达成学习目标，促进核心素养的发展。

四、参考资料

1．崔允漷．单元学历案：让国家课程校本化、素养落地可视化[N]．浙江教育报．2022-3-25（5）．

2．钟柏昌，刘晓凡．创新能力培养的学理机制与4C教学模式建构[J]．现代远程教育研究，2021，33（4）：20-32．

3．钟柏昌，刘晓凡．跨学科创新能力培养的学理机制与模式重构[J]．中国远程教育，2021（10）：29-38+77．

三、优化成员组成：推动教师教育教学能力的分层提升

名教师工作室教育实践共同体需要不断优化成员的组成，鼓励不同学科、不同层次的教师参与，确保共同体拥有丰富多样的专业知识和经验储备，以促进教育实践的创新和发展。为此，广东省杨明欢名教师工作室教育实践共同体制定了具体的创新发展策略。

1. 强化工作室核心团队的引领作用

核心团队在工作室教育实践共同体中扮演着关键的引领角色，是整个共同体的中枢。为了更好地实现教育实践共同体的宏伟目标，工作室的核心领导团队应包括工作室主持人、工作室顾问、工作室理论导师、工作室教研员以及人工智能技术专家等。

除此之外，工作室还可以吸引其他领域的教育专家和学者加入核心团

队，如心理学家、教育技术专家等，以促进跨学科的合作和创新。

（1）核心团队的职责

核心团队的成员应具备丰富的教育实践经验、优秀的管理能力和领导力。核心团队不仅制订发展战略和目标，还提供指导和支持，推动工作室教育实践共同体的不断发展和壮大。

（2）广东省杨明欢名教师工作室教育实践共同体的核心团队的配置

广东省杨明欢名教师工作室教育实践共同体的核心团队如下表所示（表4.15）。

表4.15　广东省杨明欢名教师工作室教育实践共同体的核心团队

序号	团队角色	成员	职责
1	工作室主持人	杨明欢	主持人是工作室教育实践共同体的负责人，全面负责工作室的建设、管理和组织实施等工作。主要职责包括制订工作室教育实践共同体的总体规划，协调各个成员之间的合作关系，合理分配资源和任务，管控项目进度，维护工作室的日常运营，领导和管理团队成员。
2	工作室顾问	曹雪丽	工作室顾问的职责是为工作室提供专业的咨询服务和指导，协助主持人制订长远发展的计划，保持工作室与社会各界的联系。
3	工作室理论导师	钟柏昌	工作室理论导师主要负责对工作室的教育实践进行理论研究，并指导工作室成员在教学实践中的方法和技巧的应用，提升工作室成员的教学能力和水平。
4	工作室教研员	要志东	教研员主要参与制订工作室的工作计划，并指导教育实践共同体成员开展教学和课程改革、送教下乡等。同时，教研员负责制订工作室的教研活动和教研计划，并督促和协助主持人组织实施。
5	工作室助理	梁春晓 潘桦	工作室助理负责协助主持人管理工作室的日常事务，包括线上和线下的研修活动的组织、有关材料的整理归档以及为工作室的成员提供有力的支持等。
6	人工智能技术专家	相关专家	人工智能技术专家负责指导人工智能技术的普及和提升，为工作室成员提供技术支持和培训。

（续表）

序号	团队角色	成员	职责
7	兼职教育专家	相关专家	担任工作室的外部专家，为工作室提供丰富的教育教学经验和专业知识，参与研讨和评估活动，为工作室的发展提供宝贵意见和建议。
8	教育行政部门推荐的入室学员	入室学员	教育行政部门推荐的入室学员通过选拔和推荐进入工作室，主要参与教研活动、课程设计和教学实践，同时接受工作室的指导和培训。

2. 划分工作室成员的发展阶段

为了更好地发掘和发挥每个成员的潜力与优势，广东省杨明欢名教师工作室教育实践共同体采用不同的发展阶段和身份分类（表4.16），以实现个性化地逐步提升成员的实践能力和专业水平。下面是关于工作室成员发展阶段的划分情况。

（1）新手（旁观者）。新手是刚加入共同体的成员，对共同体的工作和活动了解有限。他们需要通过观察和学习，熟悉共同体的规则与要求，并逐步融入共同体的活动。新手可以通过参与共同体的例会、小组讨论等方式，逐渐了解共同体的运作。

（2）半熟手（积极参与者）。半熟手已经参与了一些共同体的工作和活动，对共同体的规则与要求有一定了解。他们积极参与共同体的工作和活动，与其他成员合作，共同推动实践和研究的开展。半熟手需要进一步的指导和培养，以提升他们的实践能力和专业水平。在这个阶段，他们可以承担一些较为简单的任务，逐渐积累实践经验。

（3）熟手（成熟实践者）。熟手是在共同体中具有一定经验和能力的成员，能够独立完成一些任务，并对其他成员提供指导和帮助。他们在共同体中发挥着重要作用，承担更多责任和任务，带领团队推进实践和研究的深入发展。在这个阶段，他们可以负责组织和策划共同体的活动，帮助新手和半熟手提升实践水平，推动共同体的整体发展。

（4）专家。专家是在某个领域具有专业知识和丰富经验的成员，能够为共同体的发展提供重要的支持和帮助。他们在共同体中担任着重要的角色，分享专业知识，指导研究方向，为成员提供专业培训和指导，推动共同体的创新和进步。在这个阶段，他们可以作为导师或顾问，与其他成员分享自己的经验和见解，引领共同体走向更高水平。

每个发展阶段都有相应的任务和要求。新手需要观察和学习，半熟手需要积极参与共同体的工作和活动，熟手需要承担更多责任和任务，专家需要为共同体的发展和成长提供重要支持和帮助。工作室将根据不同的发展阶段，为成员提供相应的培训和指导，帮助他们逐步提高实践能力和专业水平。通过这种阶段划分和支持机制，共同体能够更好地发挥每个成员的潜力和优势，推动共同体的发展和创新。同时，对于工作室的教师学员，也要关注其能力与素质，不仅考虑学员的教学水平，还需注重他们的团队协作能力和学习能力。根据学员的专业能力和发展水平划分的发展阶段是动态变化的，可根据其发展情况重新划分。

表4.16　广东省杨明欢名教师工作室教育实践共同体成员的身份划分

序号	发展阶段	身份
1	新手（旁观者）	人工智能教育初级教练、一般学员
2	半熟手（积极参与者）	人工智能教育中级教练、科研骨干、教研骨干
3	熟手（成熟实践者）	人工智能教育高级教练、科研组长、教研组长
4	专家	人工智能教育培训专家、人工智能教育金牌教练

3. 明确工作室成员的角色划分

角色划分旨在更好地发挥共同体成员的潜力与优势，有利于工作室组织和管理的有序运行。广东省杨明欢名教师工作室教育实践共同体的角色划分包括核心组（充分参与）、积极组（积极参与）、外围组（边缘性参与）和外部成员（外围参与）等四类角色（表4.17）。

（1）核心组成员（充分参与）。核心组成员是共同体的主要骨干，具备高度的工作积极性和责任心。他们主导和推动共同体的工作，包括活动策划、协调组织运作、成员管理等。核心组成员是共同体的中坚力量，需要具备优秀的组织和领导能力。他们既是决策者，也是实践者，以身作则引领共同体向明确的目标前进。

（2）积极组成员（积极参与者）。积极组成员是对共同体工作充满参与热情的成员，为共同体的活动和项目提供支持和帮助。他们具备高度的工作热情和执行力，是共同体的重要组成部分。积极组成员对共同体的贡献度和参与度较高，可承担具体任务的执行，是对核心组成员工作内容的宝贵补充。

（3）外围组成员（外围参与）。外围组成员是对共同体工作有一定兴趣但参与度较低的成员。由于时间和精力等因素，他们对共同体活动的参与相对有限。但经过培训和引导，外围组成员能够逐步提高参与度和贡献度，通过积极参与共同体内的交流和学习活动，逐渐融入共同体氛围，朝着积极组成员方向发展。

（4）外部成员（边缘性参与）。外部成员是对共同体的工作有关注但未实际参与的成员。他们可能因为各种原因无法参与共同体活动，但关注共同体的发展和成长。与外部成员保持联系和沟通，可以获取更多的支持和合作。通过参加共同体的开放日、学术讲座等，外部成员能够了解共同体的活动和成果，从而引导他们积极参与共同体的工作。

通过合理的角色划分，共同体能更好地利用每个成员的优势，合理分配任务和资源，激发成员的积极性与创造力，提升工作室的整体效益。同时，还要建立健全的评估机制，对成员的参与和表现进行评估和反馈，以便及时调整和完善工作室的组织和管理方式，确保共同体的顺利运行和持续发展。工作室通过这种角色划分和支持机制，能够激发成员的参与热情与积极性，使他们逐步发展为更具实践能力与创新能力的核心组成员和积极组成员，从而推动共同体的蓬勃发展。

表4.17　广东省杨明欢名教师工作室教育实践共同体成员的角色划分

序号	角色	职位及认证要求
1	核心组成员	职位：工作室主持人、工作室顾问、工作室专家、工作室教研员、工作室技术专家、工作室学员总班长、工作室科研总组长、工作室教研总组长、工作室技术总组长、学习委员总组长、宣传委员总组长。 认证要求：拥有丰富的教学经验和较高的学术水平，对共同体的发展和规划具有重要的作用和责任心。核心组成员应该具备相关学科的教育背景和证书、高质量的教学成果、学术成果等。
2	积极组成员	职位：工作室入室学员、工作室网络学员班长及班委、工作室网络学员科研组组长及组员、工作室网络学员教研组组长及组员、工作室网络学员技术组小组长及组员。 认证要求：教师需要进行实名认证和资格审核，资格审核包括审核教师资格证书、教育工作经历等。通过各地市教育局的遴选推荐、省教师发展中心和工作室主持人的审核后，教师可以加入共同体成为入室学员，并享有相关权益和服务。
3	外围组成员	职位：工作室网络学员。 认证要求：外围组成员应该具备相关学科的教育背景和证书，有一定的教学经验等。学员需要通过操作指引申请加入广东省教育资源公共服务平台杨明欢网络工作室，并按要求完成身份认证和加入共同体的流程。
4	外部成员	关注工作室动态和偶尔参加活动的其他教师。

4. 优化工作室学员分布

为了优化工作室学员的分布，确保共同体成员的多样性和代表性，形成对地方学校教育的辐射带动作用，工作室应综合考虑学科特点和教学领域，优化工作室学员分布。工作室学员分布的优化策略主要体现在以下几个方面。

（1）区域分布优化。根据广东省各地区的教育需求和特点，合理分配工作室成员在不同地区的分布。优先考虑教育资源相对匮乏的地区，以确保共同体的覆盖面和辐射效应。

（2）学段多样性。在招募成员时，工作室应注重学段的多样性（幼儿园、小学、初中、高中等）。学段的多样性有助于形成全方位的教育实践共同体，不同学段的教师可以相互交流、互相借鉴，促进教育教学的全面提升。

（3）学科平衡。在工作室的成员招募过程中，要注意学科的平衡。尽量涵盖多个学科领域，确保共同体成员具备广泛的学科背景，以便促进跨学科的合作和交流，推动跨学科研究和创新。

（4）跨区域协作。鼓励来自不同区域学校的教师加入共同体，促进跨学校之间的交流和协作。不同区域学校的合作可以带来不同的教育实践和经验的交流，拓展共同体的视野和影响力。

（5）线上平台支持。为促进跨区域的协同合作和交流，工作室需要建立在线网络平台，使来自各地区的成员能够方便地进行教研活动和学习。线上平台的建设应注重用户友好性和互动性，鼓励成员积极参与交流和资源分享。

通过以上的优化措施，广东省杨明欢名教师工作室教育实践共同体可以更好地发挥其跨区域、跨学科、跨学校和跨学段的特点，形成对地方学校教育的积极影响力，进一步提升教育教学水平和质量。与此同时，共同体成员的多样性和代表性将为教育实践的创新和发展提供丰富的资源和支持。

广东省杨明欢名教师工作室的教育实践共同体的组织架构如表4.18所示。

表4.18　广东省杨明欢名教师工作室教育实践共同体的组织架构

广东省杨明欢名教师工作室教育实践共同体团队	顾问	专家	教研员	技术专家	组织及宣传委		网络学员
	学员班长	科研组	教研组	技术组	学习委员	宣传委员	
教育行政部门推荐的入室学员	专家、熟手（成熟实践者）、半熟手（积极参与者）						新手（旁观者）
广州市教育实践共同体团队							
广州市天河区教育实践共同体团队							
广州市黄埔区教育实践共同体团队							

（续表）

广东省杨明欢名教师工作室教育实践共同体团队	顾问	专家	教研员	技术专家	组织及宣传委		网络学员
	学员班长	科研组	教研组	技术组	学习委员	宣传委员	
深圳市教育实践共同体团队	专家、熟手（成熟实践者）、半熟手（积极参与者）						新手（旁观者）
佛山市南海区教育实践共同体团队							
佛山市顺德区教育实践共同体团队							
佛山市顺德区龙江教育实践共同体团队							
佛山市顺德区杏坛教育实践共同体团队							
佛山市顺德区伦教教育实践共同体团队							
佛山市高明区教育实践共同体团队							
佛山市南海区桂城教育实践共同体团队							
梅州市教育实践共同体团队							
惠州市教育实践共同体团队							
东莞市教育实践共同体团队							
中山市教育实践共同体团队							
江门市教育实践共同体团队							
江门开平市教育实践共同体团队							
肇庆市教育实践共同体团队							
清远市教育实践共同体团队							
云浮市教育实践共同体团队							
粤东片区教育实践共同体团队							
粤西片区教育实践共同体团队							

四、完善机制建设：保障工作室教育实践共同体组织运行

在工作室教育实践共同体的建设和发展中，机制建设是确保共同体组织运行的关键。

共同体的机制建设应基于协同合作和相互支持的模式，通过教师之间的交流和合作，共同研究和推广先进的人工智能教育方法和理念，提高教师的教育教学水平，进而为学生提供更高质量的教育教学服务。

为有效推动教育实践的创新和发展，以下是一些主要的机制建设举措。

1. 完善组织机制

为确保工作室教育实践共同体的高效运行，必须完善相关的组织机制。这涵盖了名教师工作室的组织管理制度、决策协商机制和活动运作机制等多方面的要素。

（1）完善工作室的组织管理制度

建立健全的组织管理制度是共同体运作的基础。为保证共同体的高效运作和教育质量的提升，名教师工作室教育实践共同体可以采取以下措施：

①明确组织架构。确定共同体的领导机构和管理层，如共同体负责人、领导小组、管理委员会等。确立各级领导和管理层的职责和权限，以确保组织结构清晰、权责分明。

②明确工作职责。明确核心成员和参与成员的工作职责，以确保各成员在共同体中有清晰的任务分工和责任划分。

③建立有效的沟通机制。确保信息流通，建立定期会议和交流机制，使成员之间可以及时沟通、协调和共享信息。

④建立决策机制。设计合理的决策流程，包括信息收集、讨论、决策和执行等环节，以确保决策的准确性和高效性。

⑤建立组织运作流程和制度。制定明确的工作流程和操作规范，明确共同体的日常运作机制，如会议制度、信息沟通机制、工作流程等。

⑥健全资金管理制度。建立科学的经费管理制度，包括经费来源、使用标准、审批流程和财务管理等，以确保经费的合理、透明和规范使用。

⑦建立绩效评估机制。制定科学的绩效评估方法和评估标准，对教师的教学表现和共同体的整体绩效进行评估，以激励教师的积极性并提高共同体的整体效益。

⑧制定规章制度。制定相关规章制度，如工作室章程、教师管理规定等，规范共同体的行为准则和标准，以确保共同体的运作合规。

⑨注重师资培养。制定教师培训和发展计划，为教师提供持续的专业发展和成长机会。通过培训和发展，激发教师的积极性和创造力，提升整个共同体的教育教学水平。

案例

广东省杨明欢名教师工作室管理制度

根据《广东省中小学名教师、名校（园）长、名班主任工作室的管理办法》等相关文件的精神，为进一步加强名教师工作室建设，将工作室的规范化管理和创造性工作有机结合起来，充分发挥名教师在教师队伍建设中的示范、指导、引领和辐射的作用，特制定以下管理制度。

一、工作目标

本着"专业引领，交流分享，共同发展"的宗旨，以信息技术学科教学为依托，以品质课堂研究为主阵地，以面向未来的信息科技为核心，致力于体现融合创新、重塑学员的教学特色，创新教、研、训一体化模式，引领全省中小学信息技术教师不断探索与实践，让工作室成为智慧、创新、团结、共享的教育实践共同体，真正起到"研训、示范、引领、辐射"的作用，成为广东省教育教学改革发展的加速器、教育名师成长的助推器。

二、工作室的职责

1. 发挥示范引领作用

（1）以工作室主持人为责任人，与学员共同制订培养方案，指导学员制订职业发展规划，规定双方职责及义务等。

（2）帮助学员剖析教育教学、专业发展等方面存在的主要问题，传授教育教学经验，指导学员开展课题研究，通过听课、磨课、讲学、论坛、网络交流等方式，指导学员成长。

（3）承担培训授课、教育帮扶、教学改革和各级培训项目的跟岗学习等相关任务。

（4）主持人以工作室为平台，积极参与规划、组织所在学校的校本研修和教师专业发展工作；工作室学员积极推动所在学校的校本教研和学科教学改革工作。

（5）以《教育信息化2.0行动计划》为指导，推进智慧教育教学改革，在教育信息技术与学科教学融合方面发挥示范作用。

2．培养骨干教师

（1）工作室每周期培养8—10名骨干教师。

（2）工作室主持人和学员每人每周期至少与2名乡村中小学教师结成互助帮扶对子。

（3）建立网络工作室，开展协同研修，工作室每周期培养省内外网络学员不少于100人。

3．组织开展工作室活动

（1）工作室每年通过听课、磨课、跟岗实践、交流研讨、课题指导、举办读书分享会等方式组织学员集中研修不少于15天，可根据工作实际多次进行（不少于2次）；主持人每年面向团队成员开设公开课、研究课或专题报告等不少于5次，对每位学员开展听课、评课不少于1次。

（2）学员每年开设公开课、研究课或专题报告等不少于2次，每学期撰写1篇教学反思或案例分析。

（3）组织学员参加省级及以上学科教研活动。

（4）工作室每年至少组织工作室成员开展1次支教活动或送教下乡活动。

（5）工作室主持人每年组织开展面向本校或区域的名师工作坊或教研

教学成果展示交流研讨活动不少于2次，鼓励跨区域开展活动；工作室学员每年组织开展专题研修活动或教学成果展示交流研讨活动不少于2次。

（6）工作室每年组织学员和网络学员参与的集体网络研修活动不少于5次；每年通过名教师工作室网络空间发布生成性教育教学资源（包括课件、教学案例、教学方法、教学总结、学习心得、教学改革探讨等文字或图像资源），资源单体数量不少于200个。

（7）工作室要制定教育信息技术与学科教学融合年度计划。每年建立至少1个微型课题，开展教学改革实践；完成不少于20个能体现名师教学风格、教学特色、教学成果专题系列学科微课；建立不少于10个混合式教学案例（含有教学设计、课堂实录等配套资源），开展信息技术与学科教学融合展示研讨会不少于1次。

（8）加强与省内外名教师工作室之间的交流协作。

4．开展课题研究

（1）结合广东省教育改革与发展实际，围绕立德树人、教育教学改革、教师专业发展等问题开展研究。

（2）工作室每周期指导学员开展教育教学研究，区（县）级以上教学研究课题不少于3项，并形成5项以上成果（含正式刊物公开发表的论文、教学成果奖励和公开出版著作等）。

三、工作室联席成员的职责

1．核心成员需参与工作室的决策会，共同修订共同体的实施机制，修正教育实践框架的共同愿景及研修任务等。

2．各地区共同体班长轮值组织互学互鉴、思"享"交流活动，组织本地区共同体成员开展研修交流活动，做好本地区共同体成员的考勤和考核工作。

3．科研组组长负责组织开展相关的课题、论文等主题培训和比赛，组织相关主题的申报工作，拟定人工智能教育类课题选题清单。

4．教研组组长负责组织教学教研类主题培训，组织开展人工智能教学设计和教学案例比赛。

5．技术组负责组织开展人工智能教育实践的技术普及培训，为学员提供技术指导与支持。

6．组织及宣传委协助组织开展研修活动，负责工作室宣传推文的推送、集中展示年度人工智能教育成果。围绕专家报告、教学论文、教学案例、学生作品或成果、课程应用与扩展等方面开展主题宣传工作。

四、工作室的研修任务

1．每年年初召开1次年度研修计划会议，确定年度研修安排，所有学员都需要参会。

2．每季度召开1次工作室联席核心成员决策会，讨论工作室重要事项，所有核心成员都需要参会。

3．每月召开1次互学互鉴、思"享"交流活动。由各地区共同体班长轮值组织分享，所有学员都需要参与。

4．每学年开展1次相关课题的主题培训与指导，由科研组负责组织。

5．每学年开展1次科研比赛的主题培训与指导，由科研组负责组织。

6．每学年开展1次人工智能类教学论文相关主题培训与指导，由科研组负责组织。

7．每学年开展1次人工智能教学设计和教学案例比赛，由教研组负责组织。

8．每学年开展1次教学比赛的主题培训与指导，由教研组负责组织。

9．不定期开展人工智能教育实践的技术普及培训系列活动，由技术组负责组织。

10．不定期组织开展研修活动，由组织及宣传委负责协调组织。

11．不定期开展年度人工智能教育成果集中交流展示活动，由组织及宣传委负责协调组织。

五、课题管理制度

1．各成员必须以严谨的态度、务实的精神和科学的方法从事课题研究工作，争取做出有助于教育教学水平提高的科研成果。

2．各成员要在课题主持人的领导下，根据课题研究方案，制订阶段性的具体研究和实施计划，及时做出阶段总结。

3．课题研究必须做到有方案、有措施、有活动记录、有阶段小结、有结果分析、有实验报告和实验鉴定。

六、考核制度

1．工作室成员的考核由该工作室主持人和考核小组负责，主要从思想品德、理论学习、管理能力、教育教学能力、研究能力、技能水平等方面考察是否达到培养目标。

2．工作室设立"工作室优秀成员""工作室学习积极分子"等奖项并定期评选，颁发证书。

3．对于不求进取，不能按时完成工作室任务的成员进行劝退工作。

4．按有关程序吸收符合条件、有发展潜力的新成员进入工作室。

七、档案管理制度

1．工作室为每位成员建立研修业务档案，工作室助理做好档案的管理工作。

2．对工作室成员的研修计划、研修总结、听课记录、教学设计、研修心得、读书笔记等定期收集、归档，为成员的专业成长和工作室的发展提供依据。

八、经费使用制度

工作室研究经费主要来源是省教育厅下拨给每个名教师工作室的专项经费，经费实行专款专用、实报实销制度。经费主要用于添置书籍、日常办公保障、教科研究、聘请专家授课及其食宿交通、有关培训和考察。工作室所有经费由主管单位相关工作领导小组监督管理。

（2）完善工作室的决策协商机制

决策协商机制指的是名教师工作室教育实践共同体成员通过协商和决策来确定共同体的目标、任务、工作计划和资源分配等问题的一种机制。为确保决策的合理性和有效性，名教师教育实践共同体可以通过以下措施来完善决策协商机制：

①明确决策程序。建立明确的决策程序，包括议题的提出、讨论和决策流程，确保决策过程的规范和有序进行。

②确保多方参与决策。确保共同体成员广泛参与，尊重每个成员的意见和建议。通过定期召开联席会议、座谈会或在线讨论等形式，使成员充分发表意见和提出建议，促进多元化的思维碰撞和决策的民主化。

③采用灵活的决策方式。根据决策议题的不同，灵活选择决策方式。可以采用群体讨论、协商、投票表决等方式，让每个成员都有平等的参与权和发言权，最终达成共识，确定决策结果。

④实现信息共享和信息透明。确保决策过程的信息共享和透明，及时向成员通报相关决策信息，包括议题背景、讨论过程、决策结果等，促进成员对决策的理解和认同。

（3）完善工作室的活动运作机制

名教师工作室教育实践共同体的目标是通过协同合作来提升教学水平和质量，因此需要建立一套完整的活动运作机制，以促进共同体成员之间的沟通和合作，推动教学改进和创新。完善活动运作机制的具体措施如下：

①确定活动目标和内容。名教师工作室教育实践共同体应根据自身的发展需求和教师的实际需求，确定每个活动的目标和内容，以保证活动的针对性和实效性。

②制订活动计划和安排。名教师工作室教育实践共同体应制订每年的活动计划，明确各项活动的时间、地点、参与人员和负责人，以确保活动有序开展。

③组织和实施活动。名教师工作室教育实践共同体应组织专门的工作小组或教研组，负责活动的组织和实施工作，包括活动的策划、组织、宣传、评估等。

④加强教师参与和交流。名教师工作室教育实践共同体应鼓励教师积极参与各项活动，并加强教师之间的交流和互动，提高教师的专业素养和教学水平。

⑤评估和总结活动效果。名教师工作室教育实践共同体应定期对各项活动的效果进行评估和总结，发现问题并及时进行改进和调整，以提高活动的质量和效果。

案例

广东省杨明欢名教师工作室教育实践共同体研修活动任务单

（1）每季度主持召开1次核心成员决策会，以协调和推动各项工作的开展。

（2）各地区共同体班长每月轮流组织1次互学互鉴和思"享"交流活动，以促进教师之间的沟通和合作，提高教学水平和质量。

（3）科研组每学年分别提供1次课题指导和论文指导，以帮助教师更好地开展科研工作，提高教学质量和水平。

（4）教研组每学年分别发起1次面向所有学员的人工智能教学设计和教学案例比赛，并举办相关主题培训和指导活动1次，以激发教师的教学创新思维和能力。

（5）技术组根据准备情况不定期推出技术培训课程，并每学年举办学生比赛和交流活动1次，以帮助学生更好地掌握人工智能技术，提高技术运用能力和创新思维。

（6）工作室每年通过听课、磨课、跟岗实践、交流研讨、课题指导、举办读书分享会等方式组织入室学员集中研修不少于15天，可根据工作实际多次进行（不少于2次）；主持人每年面向团队成员开设公开课、研究课或专题报告等不少于5次，并对每位入室学员开展听课、评课不少于1次。

（7）入室学员每年开设公开课、研究课或专题报告等不少于2次，每学期撰写1篇教学反思或案例分析，参加省级及以上学科教研活动不少于1次，参加支教活动或送教下乡活动不少于1次。

（8）工作室主持人每年组织开展面向本校或区域的名师工作坊或教研教学成果展示交流研讨活动不少于2次，鼓励跨区域开展活动。

（9）工作室每年组织入室学员和网络学员参与的集体网络研修活动不少于5次；每年通过名教师工作室网络空间发布生成性教育教学资源（包括课件、教学案例、教学方法、教学总结、学习心得、教学改革探讨等文字或图像资源），资源单体数量不少于200个。

（10）工作室制定教育信息技术与学科教学融合年度计划。每年建立至少1个微型课题，开展教学改革实践；完成不少于20个能体现名师教学风格、教学特色、教学成果专题系列学科微课；建立不少于10个混合式教学案例（含有教学设计、课堂实录等配套资源），开展信息技术与学科教学融合展示研讨会不少于1次。

（11）加强与省内外名教师工作室之间的交流协作。

表4.19　广东省杨明欢名教师工作室研修任务表

任务类别	任务内容	任务数量要求
年度研修计划会议	工作室主持人组织召开年度研修会议，确定年度研修安排	每年年初召开1次
工作室联席会议	工作室主持人组织召开核心成员决策会，讨论： 1. 工作室核心成员变更。 2. 修订共同体的实施机制。 3. 修正教育实践框架的共同愿景及研修任务等。	每季度召开1次
	由各地区共同体班长轮值组织互学互鉴、思"享"交流活动，协力促进跨区域、跨学校的交流合作，分享内容包括： 1. 地区学员研修工作开展情况。 2. 学员的人工智能教育相关科研成果分享。 3. 人工智能项目式学习及促进学生核心素养培养的教学案例分享。 4. 专家点评（专家由工作室或地区共同体班长邀请）。 5. 学员学习心得分享（所在地区没参加成果分享的学员）。	每个月轮值1次，由各地区共同体班长报名后统一安排
科研组相关任务	1. 课题指导： （1）制定人工智能教育类课题清单。 （2）组织面向所有学员的课题申报。 （3）组织开展课题申报、中期检查和结项的主题培训与指导。 2. 论文指导： （1）发起面向所有学员的人工智能类教学论文比赛。 （2）组织比赛的主题培训与指导。	每学年分别组织1次

（续表）

任务类别	任务内容	任务数量要求
教学教研组相关任务	教学教研： 1. 发起面向所有学员的人工智能教学设计和教学案例比赛。 2. 组织比赛的主题培训与指导。	每学年分别组织1次
人工智能技术组相关任务	1. 技术培训： （1）推出面向所有学员的人工智能教育实践的技术普及培训系列课程并开展网络培训。 （2）面向本地区共同体学员提供技术指导与支持。 2. 学生活动： 组织学生比赛交流。	培训课程根据准备情况不定期推出；学生比赛交流活动每学年分别开展1次
组织及宣传委相关任务	组织宣传： 各地区组织及宣传委根据工作室联席会议的决策，协助组织开展研修活动，并不定期宣传推文。	不定期推出
年度人工智能教育成果集中交流展示	1. 理论专场：专家报告。 2. 论文专场：教学论文分享。 3. 案例专场：教学案例分享。 4. 学生专场：学生作品成果分享。 5. 课程专场：课程应用与思考分享。	工作室每学年整体开展1次；各地区根据条件召开
成果目标	1. 探索中小学人工智能创新实践的新课程、新学习和新评价模式。 2. 打造中小学人工智能教育的广东省杨明欢名教师工作室双"十百千万"工程，包括： （1）在人工智能教育领域培育数十名核心骨干教师；数百名种子骨干教师；辐射千所学校；培育万名学生。 （2）指导人工智能教育十项课题；产生百篇论文；形成千份教学设计或教学案例、教学课例；涌现万个学生人工智能科创成果。	

　　整个名教师工作室学员研修管理运行过程，形成了一个任务驱动和目标导向评估的双螺旋运行系统。通过该系统，强化过程性管理和对各地区共同体成员的贡献度的评估，并形成评优和淘汰的依据。确保所有加入的教师学员，无论从态度上、任务实施过程上，都能够有一定的投入度，使主题研修实践顺利开展。

2. 完善运行机制

为了确保共同体科学而灵活地运作，需要在以下方面建立机制，包括成员招募、成员培养、成员评价、信息共享与沟通、成员"合法的边缘性参与"和"差异化参与"，并明确成员的参与条件和责任。

（1）成员招募机制：制定明确的招募标准和程序，吸引那些具备专业素养和教育热情的教师加入共同体。

案例

广东省杨明欢名教师工作室招募网络学员啦！

为了助力教师的专业发展和人工智能教育的高质量发展，广东省杨明欢名教师工作室现在面向广东省中小学信息技术教师招募工作室网络学员。广东省杨明欢名教师工作室是广东省教育厅授牌的中小学名教师工作室。该工作室由杨明欢老师担任主持人，钟柏昌教授为理论导师，要志东老师为工作室教研员，曹雪丽老师为工作室顾问。工作室旨在推进中小学人工智能教育的创新应用与实践研究，通过线上、线下相结合的形式，实现主题课程、课例、案例、教学资源、教学方法等多元教学教研内容的共建与共享。工作室致力于打造协同研修的教学教研共同体，从而使其发展为教学研修的平台、教师成长的阶梯、教育辐射的中心。

一、网络学员福利

1. 参与广东省杨明欢名教师工作室不定期举行的线上、线下研修活动。

2. 共享网络工作室发布的各类资源，例如信息技术课程、人工智能教育创新应用实践项目等。

3. 以协同的方式参与广东省杨明欢名教师工作室组织的人工智能教育专题教学、教研项目并获得专业指导。

二、网络学员任务

1. 学员需要积极参与工作室组织的线上、线下研修活动，包括学习活动和培训课程。

2．网络学员需要积极参与网络工作室原创教学教研资源的开发与共享，分享自己的教学经验和资源，听取其他成员的意见和建议。

3．网络学员需要在其所在学校积极开展人工智能教育创新应用的教学实践，将在工作室学习的理论知识应用到实际教学中。

4．网络学员需要积极参与工作室组织的人工智能教育专题教学和教研项目，与其他成员一起探讨、研究、解决教育教学中的问题。

三、申请条件

1．身份为广东省中小学信息技术教师。

2．热爱教育事业，思想政治素质高，师德高尚。

3．勤于学习，志于科研，具有良好的专业素养和开拓进取精神。

四、申请方法

如果您对加入广东省杨明欢名教师工作室感兴趣，欢迎填写申请表（表4.20）。我们会在收到您的申请后进行审核，并通过短信或邮件的形式通知您申请结果。感谢您的关注和支持！

表4.20　广东省杨明欢名教师工作室网络学员申请表

1．推荐人姓名	
*2．您的姓名：	
*3．性别	☐ 男　☐ 女
*4．出生日期	
*5．民族	
*6．手机	
*7．身份证号	
*8．微信号	
*9．电子邮箱	
*10．健康状况	
*11．最高学历	☐ 高中/中专/技校及以下　☐ 大学专科 ☐ 大学本科　☐ 硕士研究生　☐ 博士研究生

（续表）

*12. 最高学位	☐ 学士　☐ 硕士　☐ 博士　☐ 无
*13. 政治面貌	☐ 中共党员　☐ 中共预备党员　☐ 共青团员 ☐ 群众　☐ 其他
*14. 单位所在地	省（区、市）　市　区（县）
*15. 单位	
*16. 任教学科、学段	
*17. 专业技术职称	
*18. 职务	
*19. 工作简历	①起讫时间：　单位：　职务： ②起讫时间：　单位：　职务：
*20. 个人获奖情况	①获奖时间：　奖项：　备注： ②获奖时间：　奖项：　备注：
*21. 教学科研或管理成果	
*22. 教育教学思想及主要业绩	
*23. 请上传您的照片	

注：表中"*"为必填项。

（2）成员培养机制：制订成员培训和发展计划，提升教师在人工智能教育领域的专业素养和能力。同时，鼓励成员间协作学习和分享经验，激发成员的创新思维，增强教学实践能力。

（3）成员评价机制：建立有效的成员评价机制，定期评估成员的工作表现、活动参与及贡献，评价结果可以作为成员继续参与共同体活动的依据，同时也为优秀成员提供更多的发展机会和鼓励。

案例

广东省杨明欢名教师工作室加入和退出机制

一、加入机制

第1步：有意愿加入广东省杨明欢名教师工作室的教师主动提出申请，

并填写《广东省杨明欢名教师工作室网络学员申请表》。

第2步：工作室主持人根据申请表内容进行初步筛选，确定符合要求的教师成为工作室的网络学员，并将网络学员信息告知对应的地区共同体班长。班长负责联系和管理所在地区的网络学员，并为他们提供必要的支持和指导。

网络学员准入需要考虑以下几个方面：

①专业素养。网络学员需要具备一定的专业素养和相关经验，能够为共同体做出积极的贡献。

②参与意愿和参与度。网络学员需要有积极的参与意愿，愿意为共同体做出贡献，能够积极参与共同体的各项活动和项目。

③奉献精神。网络学员需要具备奉献精神，能够与其他成员合作，共同推动共同体的发展。

④诚信守规。网络学员需要诚信守规，不得利用共同体谋取私利或损害共同体的利益。

第3步：新网络学员根据操作指引申请加入广东省杨明欢名教师工作室。如操作中有任何疑问，可咨询对应的地区共同体班长。如果班长无法解答，网络学员可以联系工作室助理，寻求帮助。（操作指引链接为http://zy.gdedu.gov.cn/studio/index.php?r=studio/master/maininfodetails&id=36&type=notice）

第4步：经过平台审核，符合要求的教师将正式列入广东省杨明欢名教师工作室网络学员名单，并获得相应的学员身份和权限。网络学员可以通过学习平台获得工作室相关的资源、课程、研讨会等，并参与工作室的建设和运营。

第5步：工作室将定期组织线上、线下活动，以便网络学员与工作室其他成员进行互动和交流。网络学员还可以通过同行评议和互助，不断提高自己的教学水平和专业素养。

二、退出机制

共同体成员的退出可以分为自愿退出、违规退出和质量评估不合格退出三种情况。成员可以根据个人需求和共同体的发展情况，合理退出共同体，同时履行退出程序，包括正式提交退出申请和完成退出流程等。

具体退出流程如下：

1. 自愿退出：网络学员向地区共同体班长提出退出申请（需注明退出原因），由班长审核后退出，并向学习委员总组长报告。

2. 违规退出：

（1）对于多次缺席网络研修和不交网络研修作业（每年达3次或以上）的网络学员。由地区学习委员定期通知班长，经班长提醒后仍然不参与网络研修的，由班长核实后将其清退出地区共同体，并告知地区学习委员和学习委员总组长，将该学员在网络学员名单上删除。

（2）对于在学员群或网络研修过程中发表不良言论，且在提醒后仍然不改的网络学员，由班长将其清退出地区共同体，并告知地区学习委员和学习委员总组长，将该学员在网络学员名单上删除。

3. 质量评估不合格退出：根据共同体的质量评估结果，对不合格者进行清退。清退程序由学习委员总组长负责组织实施。

共同体成员的加入和退出应在规范下进行，遵循公平、公正、公开的原则。

（4）信息共享与沟通：建立高效的信息共享平台和沟通渠道，如在线平台或社交媒体等，以促进成员间的交流与合作。定期组织会议、座谈和研讨会，促进成员之间的互动和经验交流，加强合作与学习氛围。

（5）成员"合法的边缘性参与"和"差异化参与"机制：依据成员的身份、角色和任务分工，通过设立工作小组、项目组或专题研究组等方式，建立"合法的边缘性参与"和"差异化参与"机制，充分利用成员的专长和兴趣，确保每位成员在共同体活动中发挥其专业特长和能力。

①合法的边缘性参与

"合法的边缘性参与"是名教师工作室教育实践共同体独特的优势之一，能够促进教师的专业发展。这一机制生动地描述了一个新手如何通过持续参与共同体的活动逐步成长为半熟手、熟手，甚至是专家的过程。

在这个机制中，"合法"指的是新手通过加入共同体，获得被认可的合法身份，从而拥有资格和机会共享共同体的资源，参与共同体的活动。"边缘性"指的是新手在共同体中通常位于边缘或外围，而"边缘性参与"是一个成长的过程，新手通过持续的参与和学习，逐渐向共同体的核心靠拢。"合法的边缘性参与"机制使每个成员都有机会参与共同体的活动，帮助他们更快地融入共同体，并为他们提供更多的支持和鼓励，使他们得到共同体内部的尊重和认可。

案例

广东省杨明欢名教师工作室教育实践共同体的合法边缘性参与机制

广东省杨明欢名教师工作室教育实践共同体采取了一系列措施来实现"合法的边缘性参与"机制，以促进非正式成员和网络学员积极参与工作室的建设和运营。这一机制包括以下方面的实践：

（1）允许非正式成员的参与：共同体欢迎各领域专家、学者、教育工作者等非正式成员参与，他们可以通过参与研讨会、分享会等活动为工作室成员提供支持。既能拓宽成员的视野，也为非正式成员提供了一个交流和分享的平台，实现互惠共赢。

（2）完善成员准入规范：成员需要具备一定的专业素养和相关经验，有积极的参与意愿和奉献精神，诚信守规，共同维护共同体的发展和利益。

（3）明确参与路径和机会：明确新手从边缘逐步参与到共同体的主要路径，如加入工作组、参与项目合作和培训活动等。

（4）设立导师制度：由富有经验和专业知识的导师来指导新手，帮助新手逐步融入共同体的活动，促进其专业发展。

（5）制订培训和发展计划：为新手提供培训课程和学习资源，邀请新手参加研讨会。帮助他们获得必要的知识和技能，提高专业能力。

（6）鼓励成员间的交流与协作：鼓励新手与其他成员进行交流与协

作，共同分享经验、策划项目和解决问题，促进成员之间的互动和合作。

（7）建立定期的评估机制：定期对新手的活动参与度和发展情况进行评估，并及时给予反馈，以确保他们在共同体中得到适当的支持和指导。

（8）建立激励机制：为新手建立激励机制，如制定奖励制度或设立荣誉称号，以肯定他们的成长和贡献，激发他们的积极性和动力。

"合法的边缘性参与"机制能够促进非正式成员和网络学员在共同体内的积极参与，并帮助他们逐步成长为人工智能教育领域的专业人士，同时也促进整个共同体的发展。

②差异化参与

共同体的相关研究和实践表明，不论是个体的成长还是共同体事业的发展，"参与"都具有极其重要的意义[1][2][3]。但"参与"并不意味着"步调一致"，而是根据个体在共同体内所扮演的角色和身份有所差异化。基于不同成员角色和身份的实际情况，共同体应将成员划分为核心成员、积极成员、外围成员和外部成员等四种角色，以及新手、半熟手、熟手和专家四种身份。针对不同角色和身份，设计和提供差异化的成员参与机制，并依此设计共同体活动。

案例

广东省杨明欢名教师工作室教育实践共同体的差异化参与机制

1. 成员根据角色差异化参与。依照不同角色在共同体内的职责与权利，为扮演不同角色的成员提供相应的参与共同体活动的方式。例如，核心

---

① 德里斯科尔. 学习心理学：面向教学的取向（第三版）[M]. 王小明，等译. 上海：华东师范大学出版社，2008.

② 菲利普斯，索尔蒂斯. 学习的视界（第四版）[M]. 尤秀，译. 北京：教育科学出版社，2006.

③ 乔纳森. 学习环境的理论基础（第二版）[M]. 郑太年，任友群，译. 上海：华东师范大学出版社，2015.

成员可参与重要决策和规划，外围成员可参与较为简单的任务。

2．成员根据身份差异化参与。考虑成员的专业水平和身份，为其分配合适的任务。新手可从事基础工作，如资料的搜集和整理；半熟手负责具体项目和内部培训；熟手和专家可承担更具挑战性的任务。

3．成员自主选择与共同体灵活安排相结合。鼓励成员依据个人特点和需求，自主选择适合自己的任务和角色。同时，共同体也应灵活调整任务和活动，以满足成员的需求和实际需要。

4．促进成员的交流与协作。积极促进内部成员的交流与协作，鼓励互相学习和经验分享。定期组织内部会议、研讨会等交流活动，为成员提供互动平台。同时，保持与外部的交流与合作，借鉴其他共同体的成功经验，提升整体水平。

通过实行差异化参与机制，广东省杨明欢名教师工作室教育实践共同体能更好地发挥成员的优势，满足不同成员的需求，提供个性化的成长和发展机会，增强成员的创新能力与竞争力，以实现共同体的稳健运营与可持续发展。

3. 构建多方协同机制

多方协同机制是指名教师工作室主持人整合专家、学员以及教育部门、企业、高校、科研机构等各方的优势和资源，通过与各方的深度协作和融合互动，形成更加完善的协作体系，进而推进工作室骨干教师培养和教育教学改革发展的机制。这一机制能够有效地促进知识、经验和资源的汇聚，推动共同体的创新和进步。

多方协同机制的构建具体包括：

（1）建立跨学科、跨学校合作机制。建立跨学科、跨学校的合作机制，鼓励共同体成员之间的资源共享和合作研究。通过建立合作项目和研究小组等方式，促进不同学科、不同学校的教师相互交流与合作，共同推进人工智能教育的发展。

（2）建立资源共享机制。建立资源共享平台，共享资源包括教学案例、教学工具、研究成果等，以便成员之间相互借鉴和学习，提升教育教学水平和研究能力。

（3）建立合作交流机制。定期组织交流活动，如研讨会、学术会议、座谈会等，为共同体成员提供交流与合作的平台。同时，鼓励成员参加教育行政部门、教育科研和教研部门、信息技术部门及信息化企业、专业研究机构等举办的相关活动，积极与外部机构开展交流与合作，借鉴先进的实践经验，促进共同体的不断发展和壮大。

案例

广东省杨明欢名教师工作室教育实践共同体多方协同机制

1．建立共同体专家智库

为了促进名教师工作室教育实践共同体在专业发展中取得进步，需要建立专家智库，包括以下三个方面：

首先，建立教育政策与教育思想支持智库，旨在加强对名教师工作室教育实践共同体项目的政策指导和学员师德师风建设。可以邀请教育行政部门和工作室顾问加入共同体专家智库，帮助成员了解最新的教育政策和思想动态，制订项目的发展方向，确保名教师工作室教育实践共同体的发展与国家政策、社会需求紧密对接。

其次，建立顶层设计与学术支持智库，其职责是为共同体提供顶层设计和学术支持。可以聘请工作室的理论导师和国内知名专家团队，对共同体的运行框架等进行指导，规范和引领名教师工作室教育实践共同体的发展思路，使共同体在教育领域处于领先地位。

最后，建立项目运行与执行智库，旨在形成名教师工作室教育实践共同体的内部领导力。通过共同体的骨干成员轮值分享优秀管理运营经验和成果，将名教师工作室的教育管理理念与成员个人发展理念相结合，使名教师工作室教育实践共同体有序运行。

2．建立联合协作机制

建立联合协作机制是推动名教师工作室教育实践共同体建设的必要措施。共同体的高效运作需要政府、企业、高校、科研机构等各方共同参与，充分利用各自的优势和资源，形成政—产—学—研一体化协同合作的新局面。

在联合协作机制中，教育行政部门应向名教师工作室教育实践共同体提供政策支持及经费保障等，以保证教育教学改革的稳步进行。科研机构可以为共同体提供实践场景和技术支持，为共同体成员提供更多的专业支持和服务。高校可以为共同体提供教学资源支持和理论支撑，与共同体共同探讨教育教学的前沿理论和实践问题。企业可以为共同体提供实践场景和增强成员职业素养等方面的支持，促进共同体与学校、社会的对接。

此外，名教师工作室教育实践共同体还可以积极与其他名教师工作室教育实践共同体开展合作交流，共同研究教育教学问题，互相学习和借鉴。

3．共建研修基地

共建研修基地是促进名教师工作室教育实践共同体成员之间合作与发展的一种重要方式。研修基地可以作为成员之间相互交流的场所和平台，也可以提供相应的资源和支持，帮助成员提升教学水平和教学研究能力。

广东省杨明欢名教师工作室教育实践共同体为了进一步促进成员之间的合作与发展，推动教育教学改革，设立了多个实践共同体。这些实践共同体采用促进教师协同发展的"1+N"形式。其中，"1"代表一个名教师工作室研修基地，"N"代表来自多所学校的多位教师，他们按照合作意愿组合，发挥名校、名师的作用，从而实现以强带弱。

在教师培养方面，实践共同体以"研训教"为培养路径，开展"研训教"一体化活动。实践共同体会根据教师的发展水平，逐步将单一的专家讲座转为专家引领、小组互动、学员分享，然后再转为专家引领、互动研讨、教学展示和作品点评，使研修方式由单纯的"训"走向"研训"结合，再走向"研训教"结合，从而实现教研、科研、培训、教学的有机融合。这个过程可以帮助教师在长期自我反思与总结中、在吸收他人评价与建议中、在反复的教学实践与研训中持续学习，不断提升教育教学水平。

为了推进实践共同体的发展，实践共同体可以采用"规划同制、项目同整、教研同行、队伍共建、资源共享、评价共进"的"组团式"发展模式。此外，广东省杨明欢名教师工作室还与多所高校（例如华南师范大学教育信息技术学院、岭南师范学院、韩山师范学院等）以及地区社会服务组织（例如江门市教师发展中心、江门市蓬江区教师发展中心、开平市教师发展中心、佛山市顺德区龙江镇教育办公室等）共建研修基地。基于场馆学习理论，让当地工作室学员在不同场馆开展非正式学习，以此来提高教师的教育教学能力。这种共建研修基地的方式可以促进资源共享和互相学习，进一步提高共同体成员的教育教学水平，推动实践共同体的发展。

下面将列出部分广东省杨明欢名教师工作室基于"1+N"形式和"研训教"培养路径与多方共建的研修基地。

（1）佛山市顺德区龙江镇学员研修基地

为充分发挥广东省杨明欢名教师工作室的示范引领作用，强化工作室网络学员的专业素养与创新能力，2021年11月17日，广东省杨明欢名教师工作室在佛山市顺德区龙江世埠小学启动了佛山市顺德区龙江镇学员研修基地的筹备工作。该基地旨在通过共建，为龙江镇打造一个集学习、交流、实践于一体的研修平台，汇聚优秀教育资源，培养具备现代教育理念和创新能力的新时代教师。

经过精心的筹备与规划，2021年12月12日，佛山市顺德区龙江镇学员研修基地在龙江外国语学校正式揭牌启动。工作室主持人杨明欢以及佛山市顺德区教育发展中心装备与信息化室副主任蔡海辉等领导亲临现场指导。在启动仪式上，工作室主持人杨明欢详细介绍了工作室的运营模式、组织架构及成员专业发展方向，并明确了此次研修的核心目标——通过系统的研修活动，提升学员的教育教学水平，推动龙江镇中小学人工智能教育的创新应用与实践研究。

活动现场还举行了庄重的证书颁发仪式，工作室主持人杨明欢亲自为每位学员颁发了工作室学员证书，并鼓励他们不忘初心，砥砺前行，为龙江科创教育事业的发展贡献自己的力量。同时，活动任命赖建强为佛山市顺德区龙江镇学员研修基地的班长，他代表全体学员表达了对工作室的感激之情，并对接下来的研修任务进行了细致安排，介绍了龙江地区16位学员的信息及各自的职责分工。

通过共建学员研修基地，龙江镇将进一步推动中小学人工智能教育的创新发展，弘扬龙江教育精神，激发教师的创新活力与热情。在工作室的引领和支持下，龙江镇学员研修基地将不断探索、实践、创新，为实现龙江科创教育事业的跨越式发展贡献力量。

（2）共建东莞市学员研修基地

2021年11月24日，广东省杨明欢名教师工作室主持人杨明欢亲赴东莞市塘厦初级中学，参与并启动了东莞市学员研修基地的建设工作。同时，一场以"人工智能教育暨美育信息化共同体建设"为主题的交流研讨会在此隆重举行，吸引了东莞市内30余名工作室成员以及塘厦初级中学在美育和科创领域的骨干教师积极参与。塘厦初级中学办公室主任金昂毫代表学校对与会者表示热烈欢迎，并详细介绍了学校在美育、人工智能教育及信息化建设方面所取得的显著成果。

杨明欢主持人公布了东莞市地区的网络学员名单，并正式任命塘厦初级中学的张海良老师为东莞市网络学员班的班长，同时向这些学员颁发了学员证书。

活动中，来自广东省杨明欢名教师工作室的优秀入室学员邓泳诗老师，为与会教师深入解读了《2022年广东省中小学科技劳动教育实践活动指南》。她结合工作室和区域教研的丰富经验，详细阐述了活动规则、教学策略、社团建设、备赛与竞赛等多个方面，为与会者提供了宝贵的指导与启示。此外，广东省鹤山市第一中学的入室学员韩晶老师也带来了精彩的讲座，她以"人工智能教育课程开发"为主题，结合广东省"双融双创"教育活动的成果，分享了课程设计的先进经验，并提供了技术与创意方面的实例，为与会教师提供了宝贵的参考。

最后，杨明欢主持人发表了题为"美育信息化共同体建设暨人工智能教育"的专题讲座。他强调了以特色课程为纽带，推动区域美育信息化共同体建设的重要性，并从多个角度深入阐述了共同体的建设理念与教师的责任担当，为工作室东莞市网络学员的进一步发展注入了新的活力。

（3）开平市学员研修基地

为推动人工智能教育的深入研究和广泛实践，广东省杨明欢名教师工作室在开平市长师附属小学隆重设立了"杨明欢名教师工作室开平市学员研修基地"。该基地于2021年12月25日正式揭牌启动，标志着开平市在人工智能教育领域迈出了坚实的一步。

揭牌仪式当天，开平市教育局殷振雄副局长、教师发展中心黄健主任及信息技术部谭永超副主任等领导亲临现场，与广东省杨明欢名教师工作室的学员代表、开平市信息技术学科核心教研组成员、科创教育骨干教师及城区中小学科学教师等共计40余人共同见证了这一重要时刻。

殷振雄副局长在致辞中，对研修基地的成立给予了高度评价，并鼓励所有学员在杨明欢名教师工作室的引领下，积极投身于研修学习，不断提升专业素养，为开平市科创教育和人工智能教育的发展注入新的活力，培养更多具有创新精神和实践能力的人才，为教育事业的高质量发展贡献智慧和力量。

随后，学员代表廖作东老师上台发言，分享了自己对于人工智能教育的理解和感悟，以及对未来的展望和期待。

揭牌仪式结束后，杨明欢名教师工作室的主持人杨明欢老师为大家带来了一场题为"专业教育实践共同体建设"的专题讲座。他深入探讨了共同体建设的内涵和意义，强调了通过共同体协同的联动机制引领团队发展，以及以团队任务推动个体成长的策略。同时，他还提出了跨区域、跨学段、跨学科、跨项目的整合思路，以实

图6　开平市学员研修基地揭牌

现共建、共享、共治、共赢的目标。这场讲座不仅为学员们提供了宝贵的学习机会，也为名教师工作室的建设与发展注入了新的动力。

（4）共建江门市蓬江区学员研修基地

为进一步推动江门市蓬江区人工智能教育事业发展，促进名教师工作室与蓬江区信息科技教师团队的深度交流与研讨，广东省杨明欢名教师工作室于2022年8月1日在江门市范罗冈小学设立了研修基地，旨在共建江门市蓬江区学员研修基地。当日，广东省教育厅事务中心（广东省电化教育馆）应用推广部主任、广东省杨明欢名教师工作室主持人杨明欢，蓬江区教师发展中心苏振旋主任，江门市教育研究院邓泳诗，以及江门市范罗冈小学教育集团黄永康书记等嘉宾，共同出席了研修基地的揭牌仪式。此外，杨明欢名教师工作室所有入室学员，蓬江区网络学员以及蓬江区信息科技学科骨干教师等共34人也参与了此次活动。

图7 江门市蓬江区学员研修基地揭牌

在揭牌仪式之后，蓬江区教师发展中心的苏振旋主任发表了热情洋溢的致辞，他鼓励广大学员在名教师工作室的引领下，积极推动区域信息化与课程深度融合，促进学生综合素质评价体系的深化与发展，从而推进教育教学的综合评价改革创新。紧接着，江门市范罗冈小学的唐玉艳科长向与会人员详细汇报了信息科学学科的建设情况，包括学校的办学理念、学科建设成果、学科建设面临的挑战、学科发展战略等。

此次活动邀请了多位教育专家和名师，为教师们提供了一个高质量的学术交流和思想碰撞的平台。其中，丁玉华老师的专题讲座"加减乘除——我的专业成长法则"对教师们的专业发展提出了富有启发性的建议。丁玉华老师强调教师应当注重阅读和写作，减少教育教学中的烦琐，利用多样化的教学方式，避免单一的教学模式，从热情、广度、深度和效果等四个方面实现教师的专业成长。

此次活动的举办为促进蓬江区人工智能教育的发展提供了一个重要的平台和机会。在名师的引领下，本次活动促进了教师之间的交流和互动，加深了对彼此的认知和理解。活动的成功举办为蓬江区学员研修基地在教师培训方面发挥示范作用提供了有力的支持。通过借助范罗冈小学教育集团的优质资源，强化教师培训与发展，蓬江区学员研修基地有望培养更多"有梦想"的智慧型教师，为教育事业的发展贡献力量。

4. 构建评价机制和激励机制

构建有效的评价机制和激励机制，可以保障名教师工作室教育实践共同体的可持续发展和成员的积极参与。

（1）评价机制

评价机制在名教师工作室教育实践共同体的发展中具有重要作用，能够促进教师的成长和教育质量的提升。在建立评价机制时，应注意以下几个方面：

①多元化的评价方式。采用多样化的评价方法，包括教学观察、听课评价、学生问卷调查、同行评课等，以全面了解教师的教学水平和能力，获取多角度的信息。

②科学的评价指标。确定科学、可操作的评价指标和标准，确保其与教学目标和教学计划相匹配。避免主观评价和片面评价，确保评价的公正和准确。

③过程与结果并重。评价不仅关注教师的教学成果，也关注教学过程的质量。评价应涵盖课堂教学、教学设计、教学方法、教学资源利用等方面，

同时也应考虑学生考试成绩、教师的课程完成情况和科研成果等。

（2）激励机制

名教师工作室教育实践共同体的激励机制是激发成员积极性的关键，以下是一些可行的激励措施：

①设立多层次的奖励。建立激励层级，根据成员的贡献和成就，提供不同级别的奖励和荣誉，激发成员的积极性并使成员认可其价值。

②制订个人成长计划。制订个人成长计划，设定目标和里程碑，根据完成情况提供奖励和支持，激发成员的个人发展动力。

③设立团队合作奖励。鼓励团队合作和项目参与，为团队的优异表现提供奖励和表扬，促进团队合作，提高团队整体绩效。

④定期评估和反馈。定期评估成员的教学和研究，提供具体的反馈和建议，评估结果可作为激励依据。

⑤提供专业支持。提供教学资源、学术导师指导等专业支持，帮助成员深入研究和实践，提高成员的教学和研究水平。

⑥建立知识共享平台。建立知识共享和交流平台，鼓励成员分享教学经验和研究成果，促进成员协作和教学创新。

通过科学的评价和激励机制，名教师工作室教育实践共同体可以实现成员的全面发展和持续进步。

五、文化构建：唤醒教师成员自主专业成长的内生动力

名教师工作室教育实践共同体的文化形成是一个渐进的过程。相比外部推动，教育实践共同体更注重通过成员参与活动，持续增强成员的归属感。因此，在名教师工作室教育实践共同体构建积极向上、协同共赢的文化，必须以成员的自主性、创新性和实践性为基石，融汇合作性与开放性。名教师工作室可以通过分享共同的目标、活动和实践项目，形成共同体独特的文化传统。同时，通过共同的事业追求、引人共鸣的文化价值观，激发教师自我学习和成长的内在动机，实现教育实践变革的终极目标。具体的文化构建策

略如下：

1. 建立独特的品牌形象

名教师工作室教育实践共同体应该打造独特的品牌形象，以加强宣传和推广，提升共同体的知名度和影响力。同时，这将为成员提供一个共同体的视觉符号和象征，强化他们的认同感和归属感，从而增强团队的凝聚力和战斗力。

（1）设计独特、有寓意的标识和口号：共同体应该设计一个独特且具有深意的标识和口号，以突显共同体的特色和核心价值。标志和口号应简单明了，容易辨认和记忆，能够唤起共同体成员的共鸣和认同。在设计过程中，务必融入共同体的教育理念、使命和愿景，确保标志和口号能够准确地传达共同体的特点和精神内涵。

（2）强化品牌意识与传播策略：共同体应该深化成员的品牌意识，让每位成员充分认识到品牌形象的价值，并积极参与品牌传播。制订明确的传播策略，通过各种媒体渠道展示共同体的标识和口号，制作宣传材料、海报、宣传册等，以提升共同体的知名度和影响力。同时，通过定期举办活动、参与教育展览和研讨会等，拓展共同体的影响范围，使更多的人了解并认同共同体。

（3）传承和弘扬标识文化及其内涵：共同体应该加强对标识文化的传承和弘扬。除了展示标识和口号，还应注重向成员传达标识的意义和内涵。组织专题讲座、研讨会等活动，协助成员更深入地理解标识文化所代表的核心价值观和信念，进一步增强成员对共同体的认同感和归属感。

（4）鼓励持续创新：共同体的标识文化应与时俱进，注重创新。随着共同体的成长，标识符号和口号也应不断更新和改进，以适应新的发展需求。共同体应密切关注教育领域的新趋势和变化，及时调整和丰富标识文化。这种持续的创新能力将使共同体在变化的教育环境中保持活力。

案例

广东省杨明欢名教师工作室的标识

广东省杨明欢名教师工作室的标识具有丰富的文化内涵。标识外圈的圆环象征着工作室的包容性和聚合力,同时也寓意着工作室不断向前发展的态势,体现了工作室全体成员"凝心聚力、追求卓越"的信念。圆环内以工作室主持人名字"明欢"的首字母"M""H"为设计元素,巧妙地构成了一个微笑的机器人头像。这个

图8 广东省杨明欢
名教师工作室标识

头像象征工作室的人工智能教育创新应用主题,同时也寓意各地学员之间牵手组成联合研修实践共同体的愿景。头像上的9个点代表大脑的发散思维,进一步强调了工作室对创新的追求和对教育改革的关注。

2. 建立互信互助的团队文化

为了在共同体中建立稳固的互信互助关系,共同体应鼓励成员积极参与各种交流和合作活动,以促进信息共享和合作发展。例如,地区间的互学互鉴、思"享"交流会等活动。这些活动的内容应涵盖地区学员研修工作情况汇报、人工智能教育相关科研成果分享、人工智能项目式学习以及促进学生核心素养培养的教学案例分享等方面。

在建立互信互助文化方面,共同体成员之间应建立紧密的相互帮助和支持关系。这有助于加强成员之间的联系、互信和相互学习,从而不断扩展和深化各自的专业领域知识,提升教学水平和能力。成员可以分享教学心得和遇到的问题,寻求彼此的协助和建议,共同解决教育实践中遇到的难题和挑战。同时,共同体成员还可以通过资源共享、协作教研等方式,推动集体学习和共同进步,增强共同体的凝聚力和成员的认同感。这些互信互助的举措可以有效地推动教育实践共同体的健康发展。

广东省杨明欢名教师工作室教育实践共同体的互信互助团队文化建立策

略体现在以下几个方面：

首先，制订明确的工作准则。共同体的成员共同制订明确的工作准则，包括共同的价值观、行为规范和职业道德等，以指导成员的行为和共同体的决策。这有助于形成共同的文化认同和共识，并为共同体成员提供明确的行为导向。

其次，营造积极向上的工作氛围。共同体致力于创造积极向上的工作氛围，鼓励成员之间的互信、团结和协作。工作室主持人通过组织团队活动、定期召开团队会议等方式，促进成员之间的交流和合作，增强团队凝聚力和成员的认同感。

同时，重视文化传承。团队文化的建立是一个持续的过程，需要不断重视和加强。工作室主持人应承担起文化传承的责任，通过组织培训、分享经验和教学案例等方式，将共同体的核心价值观和文化传递给新成员，并引导他们逐渐融入共同体，为共同体做出贡献。

此外，倡导互相支持和经验分享。团队文化应强调成员之间的互助和合作。共同体鼓励成员彼此之间的支持与帮助，共享教学经验和资源。通过分享经验和教学案例，成员可以相互启发和借鉴，提高整体的教育实践水平。

3. 共建服务文化

名教师工作室教育实践共同体还应注重构建服务文化。服务文化应鼓励成员以学员为中心，注重满足学员需求和提升学员体验。共同体成员应具备积极主动的服务态度，注重沟通与反馈，关注学员的成长和发展，并不断提升自身的服务水平。

为了增强成员的服务意识和能力，广东省杨明欢名教师工作室教育实践共同体的服务文化共建策略体现在以下方面：

首先，构建优质的服务体系。广东省杨明欢名教师工作室教育实践共同体应建立健全的服务体系，包括规范的服务流程、高效的沟通机制和及时的反馈机制等，以确保成员能够及时、准确地了解和满足学员的需求。同时，通过持续的专业培训和学习，提升成员的服务技能和专业水平，以提供更加优质的教育服务。

其次，注重回馈社会。服务文化应不仅关注内部成员的服务，还应延伸到对社会的回馈。广东省杨明欢名教师工作室教育实践共同体通过组织成员参与各种志愿服务活动，如义教、支教等，为教育薄弱地区提供帮助和支持。这不仅为教育事业做出积极贡献，还有助于提升共同体的社会声誉，并促进共同体成员将自身的专业知识和技能应用于实践，更好地服务社会。

通过以上策略的实施，广东省杨明欢名教师工作室教育实践共同体可以更好地实现文化构建的目标，唤醒成员专业成长的内生动力，激发成员的创造力和创新精神，增强共同体的凝聚力。同时，成员也会更加认同和支持共同体的目标，更加积极地投入到工作中，不断推动共同体和学校的教育教学改革。

六、"互联网+"：促进教师成员快速融入教育实践共同体

通过构建一个能够实现信息共享和学习互助的共同体平台，成员可以随时随地分享信息、交流经验、互相帮助，从而实现知识和资源的共享，提升共同体成员的专业能力和水平。随着互联网和移动学习的普及，近年来国内学者已开始探讨在线实践共同体（社区）作为教师专业发展的新平台和途径[1][2]。基于"互联网+"的实践共同体可以为成员提供更开放和创新的学习合作方式，有助于促进成员间的学习与合作，推动知识创新和经验的共享，为教育发展提供新的途径和工具。

---

[1] 王陆. 教师在线实践社区的知识共享与知识创新的机理分析［J］. 电化教育研究，2015，36（5）：101-107.

[2] 邓国民. 基于在线实践社区的教师TPACK发展模式［J］. 电化教育研究，2015，36（12）：109-114.

1. 基于"互联网+"的合法的边缘性参与实践共同体模型

基于莱夫和温格提出的合法的边缘性参与模型（Legitimate Peripheral Participation，简称LPP），我们可以引入"互联网+"要素，形成"'互联网+'合法的边缘性参与实践共同体模型"（如图9所示）。这个模型充分利用"互联网+"技术，使成员能够更快地融入共同体，并随时随地根据需求进行交流和分享，从而更有效地推动整个共同体的发展。这种模型为共同体成员提供了更灵活、更便捷的合作平台，有助于促进教育实践共同体的创新和繁荣。

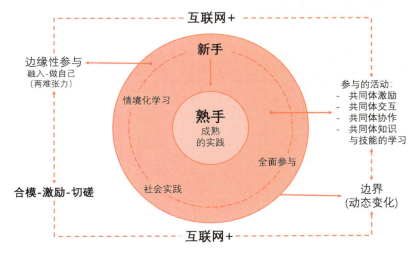

图9 "互联网+"合法的边缘性参与实践共同体模型

实践共同体内成员都共同遵循着"合法的边缘性参与"这一核心机制。莱夫和温格通过多个案例细致地描述了现实生活中新手是如何通过参与共同体的社会文化实践而获得合法成员身份的："通常情况下会沿着'旁观者、参与者到成熟实践者'的轨迹前进，即逐步从合法的边缘性参与者到共同体中的核心成员，从新手成长为专家"①。实践共同体的新样态主要表现在"互联网+"支持的合法的边缘性参与过程。在这种实践共同体中，成员可

① 莱夫，温格. 情境学习：合法的边缘性参与［M］. 王文静，译. 上海：华东师范大学出版社，2004：45-46，4.

以通过交流和分享不断学习和提高专业能力和水平，同时也可以为其他成员提供帮助和支持，共同推动整个实践共同体的发展。

构建实现信息共享、学习互助的实践共同体平台，随时随地分享信息、交流经验、互相帮助，实现知识共享、资源共享，提高实践共同体成员的专业能力和水平。基于"互联网+"的实践共同体平台可以是名教师工作室的官方网站，也可以是微信群、微信公众号等社交媒体平台。平台应该涵盖多种交流和分享的形式，如在线讨论区、博客、文章和视频等。此外，平台还可以提供课程资源和工具，以便成员在教学实践中使用和分享。实践共同体内不同角色参与的活动类型与实践方式如表4.21所示。

表4.21 实践共同体内不同角色参与的活动类型与实践方式

角色	活动类型	实践方式
新手	激励类型	数字徽章
		学分认证
		证书认证
	交互类型	网络信息交流
		网络资源共享
		网络任务交互
	协作类型	跨区域协作
		跨群体协作
		跨学科协作
	知识与技能的学习类型	知识内部联通
		网络知识结构联通
		群体知识建构联通
	对新手的合模	技术的宏情境
		资源的宏情境
		知识的宏情境

（续表）

角色	活动类型	实践方式
熟手	对新手的激励	正强化激励
		负强化激励
	新手之间的切磋	隐性知识与技能的切磋
		显性知识与技能的切磋

2. 创新发展策略一：以工作室网络研修平台空间共享优质资源

2021年，广东省杨明欢名教师工作室教育实践共同体充分利用广东省教育资源公共服务平台的名师专栏，成功建立了杨明欢名教师网络工作室。该网站社区用于共享教育实践共同体成员的学员风采、教育心得、研修经验、教学案例、科研成果、学科资源等重要内容。此外，工作室还在该网站发布通知、活动任务和网络教研项目，并提供相关在线报名渠道。通过这一网络平台，工作室的成员能够更加便捷地分享与学习教育教学的经验，从而提升自身的教育实践水平。这种平台也有助于建立一个良好的互信互助机制，增强团队的凝聚力和成员的归属感，进而推动教育实践共同体的健康发展。

图10　杨明欢名教师网络工作室网站平台

3. 创新发展策略二：以工作室微信交流群强化研修信息的传播

广东省杨明欢名教师工作室教育实践共同体借助微信平台创建了多个群组，包括入室学员微信群、核心组成员微信群以及各地区共同体成员微信群等，以便于管理和有效沟通。这些微信群不仅可以用于发布研修活动通知和相关资料，还可以组织讨论和分享学习活动，提升成员的参与度和积极性。工作室鼓励成员在微信群内积极分享教育资源、课程设计、教学方法等实践经验，以促进成员之间的实时交流和信息共享。为维护交流秩序和良好氛围，工作室应制订明确的群规，规范成员的言行。此外，工作室的负责人可以指派班长或管理员来管理和维护微信群，及时解决成员的问题和反馈，确保微信群的正常运营。这一微信群建设为工作室成员提供了一个优质的交流平台。

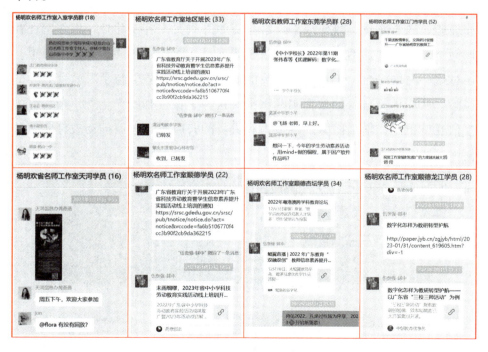

图11　工作室微信交流群截图

4. 创新发展策略三：以工作室微信公众号开展研修活动宣传

为了进一步扩大广东省杨明欢名教师工作室教育实践共同体的影响力和受众覆盖范围，工作室于2021年创建了一个微信公众号，旨在向更广泛的受众传播教育实践共同体的理念、成果和实践经验。公众号应定期发布与教育实践、教育改革、教师发展等相关的内容，为广大教育工作者提供有价值的学习资源。此外，公众号还应发布工作室的最新活动通知和成员的荣誉、事迹等信息，以增强成员的凝聚力和认同感。

为了提高公众号的影响力和受众覆盖率，工作室的宣传组精心策划和编写文章。同时，为了确保公众号的内容质量，工作室建立专门的内容审核制度和审查团队，对每篇文章进行审查和评估。内容审核团队可以包括工作室成员和专业编辑，他们负责确保文章的准确性、可信度和学术性，以及与工作室的理念和目标相一致。

通过工作室微信公众号的建设和运营，广东省杨明欢名教师工作室教育实践共同体能够向更多的教育工作者和公众传递其理念和成果，推动教育实践和改革的发展。同时，通过与读者的互动和反馈，工作室可以更好地了解受众需求，不断提升公众号的质量和影响力。

图12　广东省杨明欢名教师工作室微信公众号

/ 第五章 /

Part 05

教师成员专业研修活动及成果

杨明欢名教师工作室成员专业研修活动通过提供最新的人工智能科创教学理念、研究成果和教学资源，鼓励教师将所学知识和技能付诸实践行动，及时展示和分享实践成果。专业研修旨在满足不同教师的需求，促进优质资源的共享，提高教师的实践经验和专业发展水平。

一、混合式研修：多维度培养学员

混合式研修包括集中研修、联合研修、送教下乡、网络研修等多种形式，以满足不同教师的需求和特点，促进优质资源的共享与合作，提高教师的实践经验和专业发展水平。这些研修活动旨在为教师提供最新的人工智能科创教学理念、研究成果和教学资源，并鼓励他们将所学知识和技能付诸实践，及时展示和分享实践成果，从而不断提升教育质量和水平。

1. 集中研修：深度培养入室学员

集中研修作为一种重要的学习与实践方式，通过整合时间、空间和资源，深度培养入室学员的理论素养和实践能力，提升其专业水平和综合素质。从2021年到2023年，广东省杨明欢名教师工作室教育实践共同体通过以下方式组织入室学员进行集中研修，以实现每年不少于15天的研修时间要求。

（1）听课、评课。安排入室学员参与听课和评课活动，通过观摩其他教师的课堂教学，学习和借鉴优秀的教学方法和策略，从而丰富自身的教学技能和理念。

（2）跟岗实践。安排入室学员进行跟岗实践，与优秀教师紧密合作，参与教学活动并亲身实践教学技能，提升自己的实际教学操作能力。

（3）交流研讨。组织入室学员参与交流和研讨活动，促进彼此的经验分享和教学观点的交流，以加深对教育教学的理解。

此外，主持人还开设了公开课和专题报告，每年达到6次或以上，三年总计18次，满足了每年不少于5次的要求。每位入室学员每年至少参加了1次听课或评课活动，每人每年开设公开课、研究课或专题报告等，三年总计12次，满足了每人每年不少于2次的要求。每学期，入室学员完成撰写至少1篇教学反思或案例分析，满足了每年不少于1篇的要求。另外，工作室还组织入室学员进行专题研修活动或教学成果展示、交流与研讨，三年总计9次，满足了每年不少于2次的要求。工作室还举办信息技术与学科教学融合展示与研讨会共3次，满足每年不少于1次的要求。同时，入室学员参加省级及以上学科教研活动共3次。工作室每年组织跨区域的名师工作坊或教研教学成果展示、交流与研讨，三年总计6次，以满足每年不少于2次的要求。

表5.1　广东省杨明欢名教师工作室入室学员部分集中研修活动

研修安排	主题内容	时间	备注
2021年第一期集中研修	工作室揭牌、跟岗学习、听课、评课、项目式学习、课程重构、实践案例分享等	2021年10月28日—11月6日	线下研修
2021年第二期集中研修	"人工智能+steam教育"主题研修	2021年12月16日—12月20日	线下研修
2022年第一期集中研修	跟岗学习、人工智能教育专题培训、送教下乡、实地调研	2022年7月24日—8月5日	线下研修
2022年第二期集中研修	学员阶段性成果总结与分享	2022年11月14日—11月20日	线下研修
2023年第一期集中研修	集中研修暨援藏送教活动	2023年5月15日—5月21日	线下研修
2023年第二期集中研修	跟岗学习、人工智能教育专题培训、送教下乡、实地调研	2023年10月16日—10月22日	线下研修
2023年专题研修	教师人工智能素养提升培训	工作室组织，各地区学员班长自定时间和地点	线下研修

2. 联合研修：促进优质资源共享

联合研修是一种高效的学习与实践方式，通过多个组织、机构或个人之间的联合，充分利用优质的教学资源和经验，以提升参与者的专业水平和素质。广东省杨明欢名教师工作室教育实践共同体非常注重与其他名教师工作室以及其他相关机构的交流合作，以实现强强联合，促进优质资源共享。

通过与其他名教师工作室的交流合作，可以实现资源共享和互利共赢。这种合作方式不仅可以拓宽学员的视野，增加学习的广度和深度，还可以促进工作室之间的相互学习和协作，共同提高教育教学水平，提升教师队伍的整体素质。

表5.2　广东省杨明欢名教师工作室与其他工作室部分联合研修活动

联合对象	主题内容	时间	备注
周嘉名师工作室	STEM创新教育成果观摩、同课异构观摩、说课、评课、专题讲座	2021年11月3日	线下研修
彭海胜名师工作室	人工智能创新实践系列微课创作	2021年11月20日	线下研修
广东省黄强名教师工作室	学生科技劳动教育暨信息素养提升实践活动指南解读	2021年12月16日	线下研修

此外，通过与其他相关机构的合作，可以进一步拓展教育实践共同体的合作领域，扩大教育资源的覆盖面，提高教育教学的质量和效果。这种合作方式不仅可以促进教育资源的共享和优化配置，还可以为参与者提供更广泛的学习和实践机会，提升其综合素质和职业能力。

表5.3　广东省杨明欢名教师工作室与其他机构部分联合研修活动

联合对象	主题内容	时间	备注
华南师范大学教育信息技术学院、广州市天河区教育信息和装备服务中心	素养本位的"三校三师"主题项目教学	2022年5月	线下研修

（续表）

联合对象	主题内容	时间	备注
华南师范大学谢幼如团队	论文写作	2022年7月28日	线下研修
中国教育技术协会信息技术教育专业委员会	第六届中小学人工智能教育展示活动的第二轮	2023年6月16—6月18日	线下研修

3. 支教送教：增加学员的实践经验和社会责任感

广东省杨明欢名教师工作室教育实践共同体积极参与送教下乡和支教活动，旨在促进优质资源共享和学员培养，增强学员的学习效果和实践能力，推动教育教学的不断创新和发展。自2021年至2023年，工作室已成功举办6次支教活动和送教下乡活动，每年至少组织工作室成员开展1次支教活动或送教下乡活动。

表5.4　广东省杨明欢名教师工作室入室学员部分支教、送教下乡活动

支教/送教人员	支教/送教对象	主题内容	时间
杨明欢	梅州市教育局、梅州市教师发展中心、梅州市梅县区教育局	为梅州市首届中小学科技劳动教育实践活动指导教师授课	2021年11月12日
杨明欢	云浮市教育局	为云浮市科技劳动教育创新指导教师授课	2021年12月16日
叶委	林芝市第一中学	到林芝市第一中学支教	2022年9月—2025年7月
伍倩欣	乡镇小学	到乡镇小学支教	2022年9月—2023年7月
韩晶	鹤山市第一中学附属中学	到鹤山市第一中学附属中学支教	2022年9月—2023年7月
杨明欢及入室学员	江门市范罗冈小学、江门市紫茶小学、江门市江海区景贤小学、台山新宁中学	进行信息技术学科教学及学科信息化教学	2022年8月1日—3日
杨明欢及入室学员	林芝市第一中学	为高一年级学生教授人工智能基础体验课	2023年5月16日—17日

（续表）

支教/送教人员	支教/送教对象	主题内容	时间
杨明欢及入室学员	拉萨市第一中学	为七年级学生教授人工智能基础体验课	2023年5月18日—19日
杨明欢及入室学员	肇庆市高要区	进行信息技术学科教学及学科信息化教学	2023年8月
杨明欢及入室学员	鹤山市第一中学	进行信息技术学科教学及学科信息化教学	2023年8月
杨明欢及入室学员	惠州市龙门县	进行信息技术学科教学及学科信息化教学	2023年8月
杨明欢及入室学员	惠州仲恺中学、惠州市光正实验学校	进行信息技术学科教学及学科信息化教学	2023年8月
杨明欢及入室学员	惠州市惠东县	进行信息技术学科教学及学科信息化教学	2023年8月
林少雪	台山市端芬镇中心学校	教授人工智能基础体验课——交通灯的制作	2023年3月
杨明欢	新疆克拉玛依市	讲授全国师生信息素养提升实践活动的内涵分析	2023年10月

通过积极参与送教下乡和支教活动，广东省杨明欢名教师工作室教育实践共同体将进一步丰富学员的实践经验，增强学员的社会责任感和教育教学能力，同时为贫困地区的学生提供更优质的教育资源和服务。

（1）丰富学员的实践经验。通过参与支教活动和送教下乡活动，学员有机会亲身接触和实践教学，增加实践经验，提升教学技能和教育教学能力。

（2）培养学员的社会责任感。通过与贫困地区学生的接触和互动，学员能够深刻体会到教育对于个体和社会的重要性，培养学员的社会责任感和关爱他人的精神。

（3）促进优质资源共享。支教活动和送教下乡活动提供了一个平台，使广东省杨明欢名教师工作室教育实践共同体的成员能够将自身的优质教育资源和经验分享给贫困地区的学生和教师。

（4）推动教育教学创新和发展。通过与不同地区的学生和教师交流与合作，学员能够了解不同地区的教育实践和教学需求，激发教育教学创新的思维，为教育教学的不断发展做出贡献。

表5.5　广东省杨明欢名教师工作室入室学员部分讲座（报告）培训开设情况

参与人员	时间	主讲题目	范围
全体入室学员	2021年11月	2021年广东省中小学科技劳动教育实践活动规则解读	省级
叶润平	2023年2—3月	技术支持下的教学变革	省级
叶润平	2023年3月	信息技术与教学深度融合的内涵与实现路径	省级
叶润平	2023年4月	信息技术与教学深度融合的内涵与实现路径	省级
叶润平	2021年11月	2021年广东省中小学科技劳动教育实践活动（B1编程闯关）任务解读与挑战技巧	市级
梁浩佳	2021年5月	数字教材的应用与操作	市级
朱晓辉	2021年12月	中小学人工智能技术与工程素养框架解读	市级
伍倩欣	2022年7月	技术赋能课堂教学	区级
伍倩欣	2023年3月	提升数字素养，巧用技术增效	区级
王志云	2020年5月	手机微课的开发与互动设计	市级
王志云	2021年11月	2022年广东省中小学科技劳动教育实践活动对抗机器人（足球竞技D1、篮球竞技D2）任务解读与挑战技巧	市级
王志云	2022年8月	实战课堂：实现信息化跨学科融合的实践性操作	市级
黄惠君	2023年2月	2022年广东省中小学科技劳动教育实践活动经验交流	县级
钟干平	2021年12月	粤教版高中信息技术教材教学的实施	县级
钟干平	2021年12月	惠州市智慧教育云平台应用培训	县级
钟干平	2022年6月	全国中小学教师信息技术应用能力提升工程2.0"整校推进"的实施办法与推进路径	县级

（续表）

参与人员	时间	主讲题目	范围
钟干平	2022年11月	《义务教育信息科技课程标准（2022年版）》的解读与应用研讨	县级
梁浩佳	2022年1月11日	教育信息化2.0背景下教师个人信息技术应用能力提升方法	县级
朱晓辉	2021年11月	稳步推进智慧教育，注重打造信息化2.0	县级
朱晓辉	2022年3月	小学信息技术课堂教学经验交流	县级
朱晓辉	2023年2月	信息科技同课异构讲座	县级
叶润平	2022年8月	微能力典型案例教学设计撰写指导	县级
叶润平	2022年5月	构建适合校情、关注过程、成果导向的精准测评体系	县级
叶润平	2022年8月	信息技术赋能，助力教与学革新	县级
叶润平	2022年12月	教育信息化2.0给我们带来了什么？	县级
叶润平	2023年4月	信息技术与教学深度融合的内涵与实现路径	县级
叶润平	2022年7月	全国中小学教师信息技术应用能力提升工程2.0验收佐证材料的规范化整理	县级

4. 网络研修：以数字化研修转型促进每一位网络学员深度参与

广东省杨明欢名教师工作室教育实践共同体的网络学员众多，网络研修成了便捷高效的学习与实践方式。

（1）成员参加网络研修的痛点

随着网络研修范围的扩大，参与人员分布在不同学校、不同区域，如何适应这种变化，如何保证研修的深度和效度，是实践共同体面临的主要问题。因此，必须依靠教师同伴互助，将校本研修做实、做深、做好、做大。

在实践共同体成员参与活动时，角色分为四类：核心组（充分参与）、积极组（积极参与）、外围组（边缘性参与）和外部成员（外围参与）。研修活动的内容设计、技术选择、支架设计、流程设计和机制设计等，应让完全不参与的教师尽可能减少，同时让充分参与、外围性参与、边缘性参与的教师形成合理、有序的分布和流变。

（2）基于优课解码的网络研修解决策略

针对如何让一线教师"想"评课、"能"评课、"会"评课的问题，自2016年以来，基于UMU互动学习平台不断迭代的"优课解码"评课方法——包含听课、感受、分析、评课四个核心环节——已有效提升了教师的评课能力，并在学科、学校、区域间的教师队伍建设、名教师工作室建设、教学教研共同体建设以及帮扶送教活动中得到广泛应用。

借助AI智能体对优课解码分析、评课环节的支持，优课解码的实施更加高效，实现了课例研讨、观摩活动效益的最大化。优课解码包含以下四个逐步深入的环节：

①听课。教师参与线下课堂听课或线上观摩活动，按常规要求和个人习惯记录教学过程，细致捕捉课堂教学细节，并记录下自己的感悟。听课结束后，教师将听课笔记拍照上传至基于UMU互动学习平台建立的优课解码课程中。

②感受。听课结束后，教师用文字简要描述感受最深刻的一个或多个教学片段，只需陈述具体事实，无需加入个人评论。

③分析。分析环节包括通用分析和专属分析两部分。通用分析，利用智能体，基于30个微能力、崔允漷LICC课堂观察4个维度、20个视角和68个观测点，对"感受"事实进行深入分析。专属分析，教师基于个人知识库构建专属智能体，对"感受"事实进行个性化分析。

④评课。基于优课解码智能体提供的总—分—合分析报告，听课教师与上课教师可通过线下或线上、同步或异步的方式进行对话和讨论。

综上所述，优课解码是一个依托移动互联、大数据和人工智能技术，以教师共同发展为目标，以上课者为中心，以听课者为主体，按照听课、感受、分析、评课四个步骤组织开展的混合式同伴互助研修活动。

优课解码建立了从理论、方法、流程到机制的闭环，回答了在基础教育高质量发展、乡村振兴、教育数字化转型三大战略背景下，如何通过教师同伴互助来加强教师队伍建设的问题，具有鲜明的广东特色，是"方法重于技术，组织制度创新重于技术创新"[①]的典型样例。

（3）数字化研修的转型实践效果

数字化研修的转型主要针对以课堂教学为研究对象的教研活动存在的封闭僵化、参与主体单一、深层次交流不够等问题。

首先，突破时空限制，实现跨区域大规模的教研活动。基于直播、教研和评课的平台开展的网络教研，实现了教研活动参与主体的多元化，即授课教师、听课教师、教研员、高校教育专家、职前教师等均可参与教研互动。更为重要的是，教研主体的多元化，本质在于构建一种新的教研文化：一种自下而上的民主、自由的教研文化，不再只有教研员和专家充当意见领袖，所有参研者均有权利以不同的方式发表自己的意见和建议。这是教研数字化转型的重要外在体现之一。

在"三校三师活动"中，两地三校三师三个班级同步连堂开展三节项目式学习课程，学习活动中通过点阵笔实现学习数据与学习评价系统的实时连接，观摩教师可随时了解教学进展。教学活动的多点抓拍与推流，并在屏幕上实时展示的现场听课人员的互动交流，让在线观摩教师犹如身临现场。可见，智能技术与多种平台的有机融合，不仅有效扩大了参与规模、提升参与积极性，而且利于引发个人结合自身教学实践展开课堂教学改革的深度交流。

其次，聚焦教研效率，实现教师教学水平的高效提升。课堂教学结构既包括空间要素之间的关系结构，也包括教学环节之间的过程结构。前者涉及不同地区、班级师生如何在虚拟空间中互教、互学，这离不开流畅的沉浸式教学平台；后者涉及整个教学过程如何螺旋式提升学生的问题解决能力，这离不开创新型教学模式的打造、学习评价模型的建构和评价数据的采集。以项目式学习为例，通过数字化教研将不同地区、学校的学生纳入共同场域

---

① 教育部网站. 教育部举行党组理论学习中心组集体学习暨教育信息化首场辅导报告会 ［EB/OL］.（2022-02-21）［2022-06-14］. http：//www. moe. gov. cn/jyb_xwfb/gzdt_gzdtmoe_1485/202202/t20220221_600 942. html.

中，通过同课互构、异课同构等新型协同模式，探索课堂教学的新结构。

同课互构，特指在多个课堂中实施同一份教学设计，不同课堂的师生在教学过程中可以相互交流、相互借鉴、相互影响；异课同构，是指针对一组前后相继的课时（通常为一个单元的课时），不同教师分别负责不同课时的教学设计，通过换位思考的方式按序同步完成该组课时的教学，共同建构一个完整的教学活动。以"三校三师活动"中"电子门牌的设计与制作"一课为例，3位教师采用异课同构的模式，围绕"聚类教学""概念提取""关联内化""迁移应用"，分别完成单元中一节课的教学设计，通过协同合作实现了从单一课时到单元的整体设计，实现了教学内容的重组和教学流程的再造。在教学过程中，结合教材设计的人工智能素养评价指标，同步利用点阵笔和铺码技术随时获取学生的学习数据，即时了解不同班级学生的学习状态和表现，实现跨校教学的协同开展。通过数据的采集与分析，可以发现不同地区和学校适应项目式学习时的差异，从而聚焦关键问题和共性问题，实现精准诊断教学、精准教学指导，为构建新的教学结构奠定坚实基础，为教师专业能力内涵式发展提供动力。

最后，打造有反馈的闭环式研修，实现精准教研到个人。与常规教研相比，数字化教研更加重视教研反馈环节，实现研前、研中、研后的大跨度教研。"三校三师活动"的研修活动共分三个阶段进行，分别为前置性学习、课例公开课、网络互评。基于网络教研平台构建的"六个一"（一记、一点、一比、一析、一写、一说）研修活动贯通整个流程，其中重要环节为听课教师通过观摩课堂教学活动，进行深度剖析和研究，并提交两分钟左右的评课视频。评课视频首先由网络教研平台依据音量清晰、语速适中、语言流畅等评价标准进行智能评分，再由全体听课教师互评，也可以得到执教教师的回应，从而达到"评"后"评"的效果。在技术与平台的支持下，开展循环评课有利于促进教师反思，针对性完善个人专业教学能力。

数字时代，教研转型不仅要遵循教师成长规律，优化教研内容，更需要持续开展智能技术赋能的研修模式。同时在实施中不断挖掘与培养高潜力教师，探索与实现更多线上线下融合的联合教学范例，从而推动新型教研模式的常态化开展，如此的良性循环将推动中小学教研向智能精准不断迈进，助力实现教研数字化转型，形成数字化教研新生态。

（4）网络研修活动情况

广东省杨明欢名教师工作室教育实践共同体发挥工作室的主阵地引领作用，与国内高校合作，开展高水平的主题研修活动。每年组织入室学员和网络学员参与的集体网络研修活动不少于5次。通过网络研修，可以将新理念、新实践传递给每一位学员，提高他们的教学能力和水平。同时，各学员每年通过名教师工作室网络空间发布生成性教育教学资源，包括课件、案例、教学方法、教学总结、学习心得、教学改革探讨等文字或图形资源，总数超过1000条，旨在为广大教师提供优质的教育教学资源，促进教学改革和教学方法创新，完成每年数量不少于200条的任务要求。

表5.6　广东省杨明欢名教师工作室部分网络研修活动

联合对象	主题活动	时间
北京师范大学未来教育高精尖创新中心	"STEM+创新教育学术交流研讨会"在线研修活动	2021年11月20—21日
佛山市顺德区龙江镇教育办公室、佛山市顺德区教育学会、龙江实验学校	2022年第一期人工智能"线上+线下"网络教研课	2022年3月16日
江门市教师发展中心、江门市范罗冈小学	2022年第二期人工智能"线上+线下"网络教研课	2022年4月14日
华南师范大学教育信息技术学院、中国教育技术协会信息技术教育专业委员会创客与跨学科教育研究组（SIG-MIE）、广州市天河区教育信息和装备服务中心	2022年第三期人工智能"线上+线下"网络教研课——基于核心素养导向的中小学人工智能课程优课解码研修活动	2022年6月10—17日
广东省教育厅事务中心（广东省电化教育馆）	2022年广东省教育"双融双创"教师信息素养提升实践活动培训	2022年6月28日
中国教育技术协会信息技术教育专业委员会	2022年初中信息技术优质课展示交流活动	2022年9月17日—18日

（续表）

联合对象	主题活动	时间
中国教育技术协会、华南师范大学	2022年粤港澳跨学科教育论坛	2022年12月2—4日
华南师范大学	首届南方智慧教育论坛	2023年3月31日—4月1日
中国教育干部网络学院	教育系统干部、教师数字素养和技能提升专题网络培训	2023年4月18日
广东省教育厅事务中心（广东省电化教育馆）	教育数字化转型赋能教学变革——2023年广东省教育"双融双创"教师信息素养提升实践活动启动培训	2023年4月24日
广州大学	广东省信息化思维训练虚拟教研室主题活云智能技术赋能信息化思维训练&数字教材创新应用研究	2023年6月14日
中国教育技术协会信息技术教育专业委员会、华南师范大学	第六届中小学人工智能教育展示活动第二轮	2023年6月16—18日

学员研修心得（张超金，中山市坦洲镇林东小学）：

此次研修是在工作室主持人杨明欢老师的精心组织下进行的。研修内容非常丰富实用，包括专家报告、论文专场、案例专场、课程专场。每个专场都有非常值得学习的地方。例如，华南师范大学柯清超教授的讲座"跨学科课程与项目式学习"非常精彩。他的讲座不仅涵盖了跨学科课程相关知识和项目式学习相关理论，还分享了韩国的"制作属于我的火星建筑物"，中国的"赵州桥STEAM教学"、"谁更早看到太阳——杭州和苍溪的时差探究"和"测量校园海拔"等国内外经典案例，以及上海市教委新出台的项目式学习方案和做法。这些内容不仅开阔了我的视野，还为我以后开展跨学科教学和项目式学习提供了很好的参考。

另外，苏州外国语学校周晓燕老师的专题"大概念视角下STEM融合课程设计"主要从研究背景、融入"大概念"的STEM整合课程设计模型构建、相关案例三大方面作经验分享。我首次知道了"大概念"，让我有些好奇对其进行思索研究一番。在相关课程设计模型构建方面，要注意这几个方面，即课程目标（课程标准、大概念、三维目标）、课程内容（学科素养、学科概念）、课程实施（问题引入、科学探究）、课程资源（教学工具、活动材料）、课程策略（问题驱动、自主探究、合作）、课程评价（表现性评价、总结性评价）。这些知识对指导我目前主持的市级课题"基于STEAM教育理念的小学可视化编程教学案例研究"是很有帮助的。该课题的研究过程需要融入"大概念"，并对可视化编程课程进行设计与开发。

学员研修心得（林旭曦，东莞市石龙镇中心小学）：

周彦老师的课程是在真实学习情境中，让学生自主探究RGB灯的工作原理，并通过动手设计与制作作品来解决生活中的问题，培养学生自主学习并利用智能硬件解决问题的意识。这是我第一次接触项目式学习，收获匪浅。通过经历项目设计、外观搭建、程序设计、系统优化、交流互评和学习总结的过程，我学会了合理设计、修改和完善程序，并初步形成了利用程序设计解决实际生活问题的思维。同时，我也学会了利用数字媒体等学习资源，解决程序设计中遇到的困难，完成了彩色灯笼作品的制作，并利用数字媒体进行了作品展示和交流。

张楚彬老师的课程让我耳目一新。原来作品展示课可以如此丰富。首先，张老师展示了两组优秀作品，然后随机选择小组进行展示，并在每组展示结束后设置了其他小组提问的环节，体现了生生互动，培养了学生善于思考的能力。接下来是对知识的梳理——学习总结。正如孔子所说的"温故而知新"，张老师引导学生在该环节学会总结在本项目中的收获，以及有哪些地方需要改进，并划分了四个方面让学生梳理总结。"人非圣贤，孰能无过"，我们只有不断反思自己的不足，学习别人的长处，弥补自己的短处，才能不断进步。张老师设计的这个环节完全符合了这一思想。该课程完全体现了"以学生为主体，教师指导"的教学理念，体现了新课标要求下的"学生自主探究，小组合作"的模式。

学员研修心得（林少雪，江门台山市新宁中学）：

黎娜老师在本节课的设计和开展方面充分支持了学生的创造性学习与表达。黎老师的课程充分体现了学生的主体作用，她让学生设计广告词，激发学生的创造潜能，引领学生有序地进行创造性学习以及表达和分享，锻炼学生的表达能力。具体表现在以下三个方面：

首先，在创造性思维方面，黎娜老师在任务一环节中让学生在三分钟内为自己的作品设计十五秒的广告词，这激发了学生的创造性潜能，鼓励学生多角度思考问题，从而培养学生的创造性思维能力。

其次，在成果呈现方面，黎娜老师在广告词展示环节引导学生利用卡纸和播放不同氛围的背景音乐进行展示，这优化了学生展示的效果，增强了学生的体验感。这不仅让学生更好地呈现了自己的作品，而且增强了学生的审美意识和动手能力。

最后，在表达和分享方面，整节课有许多环节让学生进行小组展示。黎娜老师为学生创造了很多表达和分享的机会，让学生可以充分地表达和分享，不仅锻炼了学生的表达能力，也让学生收获满满的成就感。这种表达和分享的机会可以增强学生的自信心和团队协作能力，是非常重要的教育环节。

在以后的课堂教学中，我们应该向黎娜老师学习，给学生创造更多的分享和表达的机会。例如，可以根据教学内容设置一些环节让学生进行分享，或者利用信息技术的手段打破时空的限制，让学生可以随时随地进行分享与表达。这样可以提高学生的主动性和参与度，从而更好地促进学生的成长和发展。

学员研修心得（吴淑芳，江门市范罗冈小学）：

首先，非常感谢能成为广东省杨明欢名教师工作室的成员。作为江门市的老师，借助工作室的平台，我有了更多的机会向各位教授、专家学习，与各大城市的老师们交流互动，受益匪浅，深表感恩！我在这次研修中得到了以下的收获：

一是提高思想站位。在这次培训中，我深刻领悟到作为一名一线教师，必须从思想上提高自己的站位，明确教育的最终目的是育人，为党育人，为国育才。比赛交流是提高教师队伍数字能力和信息素养的一种有效途径和方法。我非常赞同谢教授所提出的"道德情操是胜任力的灵魂所在，专业水平是胜任力的关键支撑，教学能力是胜任力的核心要素，信息素养是胜任力的内在要求，教学创新是胜任力的动力源泉"。在做到"四有"好老师的前提下，作为新时代小学教师，我将贯彻落实立德树人，实现铸魂育人，坚持"五育"并举，即德智体美劳全面发展，强化课程思政，使课堂教学与思政育人同向同行。

二是与时俱进，努力探索教育数字化转型。通过这次深入了解教育数字化转型的内容，我明确了加强教师数字能力建设和实现课堂数字化转型是教育数字化转型的核心路径。谢教授给出了课堂教学数字化转型的理论框架——全数据的意识（课堂理念）、全要素的协同（课堂结构）、全场域的融合（课堂空间）。我认为课堂教学数字化转型的四大主要特征包括跨越课堂的数据汇集、利用数据进行客观的表征、协同数据可以敏捷调试、泛在数据可以促进学生的创新发展，但需要在实践中逐步体会和理解。

三是在"双减""双新"背景下，智慧课堂的理念是德智体美劳"五育"并举，并且要落实立德树人的根本任务。智慧课堂的核心是减负增效，以学生发展核心素养为标准，实现线上线下融合教学形态的深度发展。为此，教育者需要掌握新型设备和相关技术，如5G网络、人工智能、大数据中心等。

四是本次培训分享了多个案例，包括课程大单元、问题链、数字化工具应用、学科融合、思政教育等方面，起到了非常好的启发作用，值得我学习和借鉴。我想将本次培训的所思所想所悟内化于心，外化于行，不断提高自身的核心能力和信息素养，打造优质的融合创新应用教学案例，以学生为中心，推动教育数字化转型的深入发展。

学员研修心得（杨三毛，深圳市承翰学校）：

我参加了2022年9月17—18日为期两天的广东省杨明欢名教师工作室线

上学习活动，即2022年初中信息技术优质课展示交流活动。本次活动由中国教育技术协会主办，中国教育技术协会信息技术教育专业委员会承办。活动旨在探讨新课程理念下初中信息技术课堂教学策略，展示信息技术教师课堂教学风采。此次活动共有36位优秀教师在线上展示自己的授课，同时也有20位专家对其进行点评。

在这两天的观摩学习中，我受益匪浅。其中，来自天津南开中学滨海生态城学校的邓彩红老师的授课给我留下了深刻的印象。邓老师的授课题目是初中信息科技第五单元第五节《人工智能为你写诗——腹有诗书气自华》。这是一堂在线上进行的课程，邓老师从六个方面进行授课——"说教材内容、说学生情况、说教学目标、说教学策略、说教学过程、说教学反思"。她引出了人工智能与智慧社会的内容模块，从《国务院关于印发新一代人工智能发展规划的通知》到《义务教育信息科技课程标准（2022年版）》，让学生认识到人工智能在当今社会的重要性。在授课过程中，邓老师开设了问题引入、平台体验、交流解密和辩论总结等四个环节。她的时间分配合理、措辞得当、呈现得体，每个环节都有图表来进行内容说明。

在教学反思环节中，邓老师认为自己在"跨学科融合、层递式问题串、人工智能技术跨界、基于理解的学习"等方面做得不错，但在跨学科教学方面的设计需要加强。

肖娟老师的点评非常到位，她认为邓老师的这个课例非常棒，具体体现在三个方面：一是单元设计有层次感；二是能联系实际和新课标；三是跨学科融合有广度、有深度。不过，还存在两个不足之处：一是教学目标还不够明确，融合目的有待完善，建议请教语文教师如何进行诗歌教学，以增强教学效果并引起学生共鸣；二是对人工智能理念理解不深入，其实研究人工智能就是研究脑科学，反之亦然，因此可以加强对脑科学的学习。

认真观摩了这节课以后，我深受启发，也意识到了自己在人工智能探索和教学方面的不足。对于今天的这节课，我不仅认识到自己的不足，还学到了如何更有方向地进行教学研究和思考。我相信在杨明欢老师的带领下，我能有新的突破和新的成长。

学员研修心得（陈少玲，广州市黄埔区教育研究院实验小学）：

今天参加了广东省杨明欢名教师工作室组织的2022年粤港澳跨学科教育论坛，学到了很多先进经验，收获颇丰。其中印象最深的是广州市黄埔区广大附中黄埔实验学校夏莉颖老师的主题演讲——智慧养老：人工智能助力最美夕阳红。夏老师分享了一个关于人工智能教学实践的单元教学设计案例。

夏老师首先介绍了选择智慧养老作为人工智能课的主题的原因：老年人的生活关系到社会的稳定和国家的发展，也关系到每个人和每个家庭的幸福。在子女离家后，如何保障日益退化的老年人的行动能力并让他们过上安心、贴心、暖心的老年生活是一个重要的社会问题。因此，夏老师通过围绕"智慧养老：人工智能助力最美夕阳红"这一主题，开展了综合性的教学活动，如主题化项目式学习、大单元教学等，加强人工智能关键技术和知识点之间的内在关联，促进学生举一反三、融会贯通。

接着，她介绍了如何实施这个单元的教学。由于课堂时间有限，她提前通过一定的铺垫，把学生引入到本单元探究的主题上来。她发布了一个前置性的学习任务，即探究人工智能如何为老人提供有温度的助老、养老服务。为了引导学生高效地开展前置性探究活动，她从活动组织和活动指引两方面给学生提供帮助。

首先，为了让学生在小组内建立合作关系，她采用了根据学生意愿进行分组的策略，组织学生建立六人学习小组。同时，为了让小组中的每个成员都能准确找到自己的定位，她向学生提出了角色分工的建议，例如划分小组长、资料员、记录员、汇报员等，并鼓励学生根据实际情况进行动态的角色转换。

其次，她向学生提供了一些启发性的策略，帮助学生寻找智慧养老项目的优质点子。例如，通过调查和借鉴现有的养老院、长者之家、社区养老中心等场所开展的业务和提供的服务，并利用人工智能进行改良和优化。此外，学生还可以从自己家中的爷爷奶奶、外公外婆身边的老年人中寻找灵感和创意。她不断引导学生做一个有心人，有意识地在生活中寻找智慧养老项目的灵感和创意。

最后，她鼓励学生大胆地从自身想要解决的问题出发，尝试基于感兴趣的事物提出新的想法。在这个过程中，她不急着去批判或否定学生的想法，而是鼓励他们勇敢地尝试，说不定最终就能得出一些既有趣又有价值的想法。

在正式进入本单元的学习时，每个小组都已经通过前置性的探究活动，建立了对智慧养老这个项目的初步认知。夏老师将选择智慧养老项目的研究对象的权利交给学生，并引导他们让项目向有意义的学术目标看齐，以确保后续的学习值得投入时间和精力。

为了帮助学生做出合理的评估和选择，教师可以提供一些解决问题的思路。例如，让学生制作一张包含三种类别的表格，即重要且适合植入智慧养老项目的问题，重要但不适合植入智慧养老项目的问题，不重要也不适合植入智慧养老项目的问题。在学生进行评估选择的过程中，教师鼓励各小组巧用思维可视化的工具，例如思维导图、流程图、鱼骨图等，把零散的信息变成高度组织的易于理解的形式，促进学生思维深度发展，让学生思维碰撞的火花以可视化的形式清晰地呈现出来。在师生的共同努力下，智慧养老这个单元的项目结构就形成了。整个项目凝聚着学生的集体智慧，同时也体现了生成性课堂教学。

接下来教师要做的是将学科知识融入项目，从单元整体出发，挖掘各课时内在的育人价值，规划教学目标，设计教学内容，梳理各课时之间的内在联系，以智慧养老项目为主线，贯穿单元教学的全过程，实现课堂教学效益的最大化。

整个智慧养老项目的单课时构思与设计如下：

第一课是智能康复系统。老年人口的持续增长带来了个人护理需求的相应增长。许多子女不在身边的独居老人或者子女工作非常繁忙的老人，平时身体遇到一些小病小痛，为了不让子女担心，可能选择忍一忍就过去了。有的老人夜里睡不着，早上醒得早，睡眠质量非常糟糕，但是子女可能不知情。还有一些老人身体有基础疾病，但是饮食上却没有多加注意。这些问题看上去虽小，但对老人的身体健康意义重大。所以这一节课，学生将围绕智能探测系统展开探究。首先需要思考智能康复系统应该具备哪些功能。经过前置性的调查，学生已经有了一个初步的想法，但仍需要进一步拓展和细化。尤其在实现智能看护系统的各个功能时，例如生命体征监测、睡眠质量监测、走失追踪等，需要更多的技术支持。

第二课是智能语音系统。科技的发展极大地方便了年轻人追求新事物，但也为老年人制造了难以逾越的数字鸿沟。例如，上网了解国家大事，使用手机打车、订餐等，这些对于年轻人来说轻而易举的事情，很多老年人可能无法做到。人工智能能否助力老年人跨越数字鸿沟？本节课学生将围绕智能语音系统展开探究，预设了智能问答、语音呼叫、语音控制等功能。学生将学习语音识别、语音合成和自然语言处理技术的工作原理，体验语音助手服务，并对其进行设计和改造，打造适用于老人的智能云系统。通过语音互动帮助老人轻松使用手机、家用电器等设备。

第三课是情绪识别系统。人的情绪和生命健康状态有着密切的联系。如果一个人长期处于焦虑、悲伤、抑郁、压抑的状态，可能会导致精神分裂、高血压、胃病等疾病。因此，了解老年人的情绪，对于评估他们的身心状况非常有利。本节课学生将围绕情绪识别系统展开探究，重点学习情绪识别技术，学习如何提取人脸面部特征并进行情绪分析的工作原理，实现通过情绪识别技术及时获取长者的情绪状态，并在必要时反馈给医务人员和家人，让他们更加了解老人的情况。在老人出现情绪异常时，可以主动关心并提供及时的干预或治疗。

第四课是跌倒预警系统。对老年人来说，跌倒是非常危险的事情。有些老年人晚上经常起夜，有些老年人夜里睡不着，喜欢到处走动。如果这时发生跌倒等突发事件，后果将不堪设想。因此，准确且及时地对老人跌倒进行监测和预警，可以帮助老人获得紧急救援。本节课学生将围绕跌倒预警系统展开探究，重点学习姿态识别技术，学习提取人体关键特征并进行姿态分析的工作原理。通过姿态识别技术，实时监测长者是否发生跌倒等异常情况，必要时紧急呼叫医务人员和家人，为老人们的安全保驾护航。

第五课是运动康复系统。老年人适当进行科学运动，有利于改善和预防慢性病。如何让老年人科学安全地健身？本节课学生将围绕运动康复系统展开探究，思考如何借助人工智能技术提供智能化和适老化并重的运动康复功能。目前，社会上已经出现不少老年人运动健康之家，但是否存在改良和提升的空间？人工智能可以为老人的科学运动带来哪些应用和使用的改变？学生将重点思考如何结合人工智能技术，打造适老化的智能运动健康之家，实时监测老人的身体状况，并基于数据制订个性化的健康疗养服务。

第六课是主动关怀系统。本节课将围绕主动关怀这一主题展开，探究决策树的构造方法和基本原理，以实现用智能开户系统收集的数据，预测长者的生活规律，并提供个性化的生活提醒服务，例如用药提醒、喝水提醒、天气提醒、出行提醒、生日提醒等。同时，利用新识别系统收集的数据，为长者提供贴心的智能管家和情感交流服务，在实现智慧养老各系统全方位联动的同时，主动了解学习老人的生活习惯和特点，打造有温度、有深度的主动关怀系统。

最后，人工智能的伦理教育也是智慧养老项目单元教学实践的一个重要目标。智慧养老为解决当今社会老龄化、少子化的问题，提供了重要的方式和途径，但也潜藏着一定的伦理风险，例如，人机交互模式下的安全失控，主体识别困境下的责任模糊等。因此，中小学生的三观塑造非常重要，人工智能课程在讲解技术原理的同时，更应该重视引导学生理性认识和看待人工智能技术。通过人工智能伦理教育，让学生明白智慧养老要始终坚持以老年人为中心，以最大程度帮助老年人保持和恢复社会功能，助力老年人拥有更加积极健康的老年生活为主要目标。核心是让人工智能跟着老年人走，而不是老年人围着人工智能转。

夏老师选择的主题非常好，目前社会老龄化严重，养老问题是非常重要的一个社会问题。引导学生关心社会、关心老人，具有深远的意义。

二、从问题到课题：促进教师教育科研能力提升

1. 课题培育：培养提升学员的科研能力

发现问题是研究的第一步，中小学一线的教育科研工作也是如此。发现问题是教育教学研究的出发点，也是教师开展教育科研活动的内在动力。在研修活动中，广东省杨明欢名教师工作室教育实践共同体注重培养教师发现问题，并鼓励他们基于问题，开展课题研究和教育教学改进的实践项目。课题培育的指导和支持，主要帮助教师提升以下方面的能力：

（1）科研设计。帮助教师掌握科研设计的基本原则和方法，使他们能够独立设计并实施科学、可行的科研项目。

（2）数据分析。培养教师的数据分析能力，让他们能够熟练运用适当的统计分析方法对收集到的数据进行处理和分析，得出可靠的结论。

（3）成果报告。指导教师撰写高质量的科研论文和成果报告，让他们能够准确、清晰地表述自己的研究成果，并将其展示在学术交流平台上，与其他同行进行分享和交流。

通过上述方式，帮助教师提升科研能力，并将科研与实践相结合，推动教育教学改进和课题研究的发展。

表5.7　广东省杨明欢名教师工作室课题培育活动

项目	主题内容	时间
关于广东省杨明欢名教师工作室学员课题培育通知	培育对象： 1. 目前已成功申报各级课题，尚未结题的学员。 2. 拟申报课题的学员。 培育内容： 1. 课题申报书撰写。重点参考工作室的课题选题，自拟题目，填写课题申报书。 2. 课题申报材料修正指导。由工作室组织提供课题培育指导。 3. 课题申报。	2022年3月至今

（续表）

项目	主题内容	时间
专题讲座：课题研究那些事 主讲人：张超金（工作室学员科研组组长，中山学员班长）	课题选题、申报书填写方法、课题论文写作方法等。	2022年3月29日

2. 成果征集：促进实践成果交流与辐射推广

研修活动鼓励教师参与成果的交流和推广，以促进经验共享和教育实践的影响力扩大。具体包括：

（1）搭建平台。建立成果交流平台，让参与教师在平台上展示自己的实践成果，如教学案例、课题研究、教具发明等。

（2）分享会。组织成果分享会，让教师们互相分享成果和经验，交流心得体会，探讨问题解决方案。同时，可以邀请专家进行点评和指导，提高成果的质量和水平。

（3）竞赛评选。组织各类教育竞赛和评选活动，如优质课比赛、教学案例评选等，激发教师的创新实践热情，发掘优秀的实践成果。

表5.8　广东省杨明欢名教师工作室部分成果征集活动

活动	主题内容	时间
2023年广东省科技劳动教育暨学生信息素养提升实践活动	中小学数字创作类、计算思维类、创意智造类	2023年1—4月
2023年广东省教育"双融双创"教师信息素养提升实践活动	课件、微课、教学课例	2023年2—7月
2022年广东省科技劳动教育暨学生信息素养提升实践活动	中小学数字创作类、计算思维类、创意智造类	2022年1—4月
2022年广东省教育"双融双创"教师信息素养提升实践活动	课件、微课、教学课例	2022年2—7月
2022年粤港澳跨学科教育论坛优秀成果评选	教师类：研究论文、教学设计和项目实践；中小学生类：实践作品和主题小论文	2022年9—11月

（续表）

活动	主题内容	时间
2023年智慧教育应用成果征集与推荐展示活动	活动征集三类项目：论文、课件、微课	2023年7—8月
2023年中国教育学会中小学信息技术教育专业委员会信息科技（技术）应用与课程研究论文征集活动	研究论文征集：信息技术应用类主题、信息科技课程与教学类主题	2023年7—9月

三、成绩成效：学员成就显著

在过去的三年里，学员们都取得了令人瞩目的成绩，完成了令人自豪的蜕变。正如朱熹在《朱子语类》中说："知之愈明，则行之愈笃；行之愈笃，则知之益明。"

1. 入室学员职称晋升情况

2021年至2023年，我们有3位入室学员成功晋升为高级教师。

表5.9　广东省杨明欢名教师工作室入室学员的职称晋升情况

姓名	专业成长情况	时间	备注
韩晶	由中学信息技术一级教师晋升为高中信息技术高级教师	2022年10月	广东省人力资源和社会保障厅
朱晓辉	由中学信息技术一级教师晋升为电化教学高级教师	2022年10月	广东省人力资源和社会保障厅
林少雪	由初中信息技术一级教师晋升为初中信息技术高级教师	2022年10月	广东省人力资源和社会保障厅

2. 入室学员获教学奖情况

2021年至2023年，入室学员获得了多个教学奖项。

表5.10　广东省杨明欢名教师工作室入室学员教学获奖情况

姓名	时间	获奖课程名称	奖项
梁浩佳	2022年5月	网络云空间	广东省基础教育信息化建设和应用典型案例优秀奖
韩晶	2022年12月	4.2运用顺序结构描述问题的求解过程	江门市级精品课
王志云	2022年12月	认识计算机系统的组成及作用	惠州市中小学信息技术学科优秀教学评选交流活动一等奖
王志云	2023年3月	冯诺依曼计算机原理智能展示板	第二十一届惠州市科技创新大赛科教发明一等奖
王志云	2021年12月	二叉树遍历展示	第二十届惠州市科技创新大赛科教发明二等奖
林少雪	2022年6月	电子门牌的设计与制作	2022年第三期基于核心素养导向的中小学科创实践教育教研活动最佳优课解码奖
林少雪	2022年1月	宣传海报的制作	2022年江门市教育"双融双创"师生信息素养提升实践活动教师部分融合创新应用教学案例项目三等奖
林少雪	2023年3月	竹蜻蜓的秘密	首届粤港澳跨学科教育优秀成果征集与展示活动三等奖
黄惠君	2021年8月	图文混排的设计与制作	惠州市仲恺区教学能力大赛二等奖
林少雪	2022年12月	制作自画像2课时	2022年台山市STEM教育项目学习科创创客项目设计优秀成果评选二等奖
林少雪	2022年12月	竹蜻蜓的秘密2课时	2022年台山市STEM教育项目学习科创创客项目设计优秀成果评选二等奖
黄惠君	2022年12月	图文混排的设计与制作	中国电子学会优秀教学案例
王志云	2022年12月	认识计算机系统的组成及作用	中国电子学会优秀教学案例
林少雪	2022年12月	元旦晚会宣传海报的制作	台山市创新精品课例三等奖

3. 入室学员荣誉获得情况

2021年至2023年，入室学员累计获得了12项个人综合荣誉，其中包括1项地市级荣誉和11项县（区）级荣誉。

表5.11　广东省杨明欢名教师工作室入室学员个人综合荣誉获得情况

姓名	时间	获得称号	授奖单位
王志云	2022年9月	惠州市优秀教师	惠州市教育局
朱晓辉	2021年8月	蓬江区名教师	江门市蓬江区教育局
林少雪	2022年4月	台山市"德育工作先进个人"	台山市教育局
朱晓辉	2022年5月	蓬江教育人才	江门市蓬江区教育局
梁浩佳	2022年7月	质量监测评卷优秀工作人员	端州区教师发展中心
梁浩佳	2022年7月	优秀共产党员	端州区黄岗小教党委
梁浩佳	2022年9月	端州区优秀教师	端州区人民政府
朱晓辉	2022年9月	教师教育教学优质奖	江门市蓬江区教育局
林少雪	2022年12月	2022—2024年台山市中小学名教师工作室主持人	台山市教育局
叶润平	2022年12月	龙门县优秀教育科研工作者	龙门县教育局
梁浩佳	2023年2月	教育质量监测优秀工作人员	端州区教师发展中心
伍倩欣	2023年5月	高要区优秀共青团干部	共青团肇庆市高要区委员会

4. 入室学员主持或参与课题情况

2021年至2023年，入室学员一共主持或参与了14项各级课题。

表5.12　广东省杨明欢名教师工作室入室学员课题立项情况

姓名	立项名称及编号	立项单位
叶润平	主持：基于项目式学习的小学信息技术课程案例开发及应用研究	广东省教育科学规划领导小组办公室

（续表）

姓名	立项名称及编号	立项单位
黄惠君	第1参与：后疫情时代，信息技术线上线下教学策略的应用研究	惠州市教育局
韩晶	第5参与：基于核心素养的信息技术与学科教学深度融合实践研究	江门市教育局
韩晶	第4参与：政治课堂交互式智能学习环境创设的研究	广东省教育科学规划领导小组办公室
王志云	主持：基于互动学习平台的初中信息技术应用研究	惠州市教育局
钟干平	主持：基于智慧课堂的初中信息技术自主学习任务单的设计与应用研究	惠州市教育局
王志云	第1参与：基于智慧课堂的初中信息技术自主学习任务单的设计与应用研究	惠州市教育局
梁浩佳	主持：在信息技术教学中基于微项目学习的应用，培养小学生信息意识的研究	端州区教育局
梁浩佳	主持：集团化办学模式下提升教师信息技术应用能力的研究	肇庆市教育局
梁浩佳	第2参与：利用线上云课堂促进城乡小学语文教学均衡发展的研究	广东省中小学教师信息技术应用能力提升工程办公室
朱晓辉	第2参与：现代教育装备的建设、应用和管理机制研究	教育部教育装备研究与发展中心
林少雪	主持：基于初中创客教育的多学科融合课程开发与实践研究	台山市教师发展中心
林少雪	初中校本数字化教学资源库的建设与应用	台山市教师发展中心
叶润平	基于项目式学习的小学信息技术课程案例开发与应用研究	惠州市教育局

5. 入室学员论文发表或获奖情况

2021年至2023年，入室学员累计有24篇论文发表或获得相关奖项。

表5.13　广东省杨明欢名教师工作室入室学员论文发表或获奖情况

姓名	时间	论文题目	发表或获奖情况
黄惠君	2022年12月	依托UMU互动学习平台开展线上线下融合教学模式的探索	发表于《中国基础教育资源库》
韩晶	2021年9月	浅析大数据背景下人工智能驱动个性化的教与学	发表于《今天》
韩晶	2021年12月	浅析信息技术与教育教学的深度融合	发表于《课堂内外》
韩晶	2021年12月	中学信息技术在分层教学模式下翻转课堂的实践研究	发表于《中学课程辅导》
王志云	2021年7月	在初中信息技术中渗透德育的策略研究	发表于《教育科学》
朱晓辉	2021年7月	人工智能教育在初中信息技术课程中的应用实践	发表于《中小学教育》
朱晓辉	2022年2月	基于核心素养探讨分层教学在初中信息技术中的应用实践	发表于《时代教育》
梁浩佳	2022年2月	微项目学习在小学信息技术教学中的应用研究	发表于《电脑校园》
林少雪	2021年12月	STEAM视角下初中创客教育课程教学设计初探——以3D打印课程《竹蜻蜓的秘密》为例	论文被广东省教育厅事务中心（广东省电化教育馆）评为展示论文
叶润平	2021年12月	线上线下　项目生香——后疫情时代线上线下融合的小学信息技术项目化探究	论文被广东省教育厅事务中心（广东省电化教育馆）评为展示论文
王志云	2021年7月	基于互动学习平台的初中信息技术项目式学习的应用	惠州市中小学信息技术学科教学论文一等奖

（续表）

姓名	时间	论文题目	发表或获奖情况
钟千平	2021年12月	智慧课堂教学中的自主学习任务单的设计与应用——以初中信息科技课程为例	惠州市2022年优秀论文评比一等奖
叶润平	2022年12月	基于项目式学习的小学信息科技课程设计	惠州市中小学信息技术学科教学论文一等奖
王志云	2022年11月	基于平台的初中信息技术课堂互动教学探析	发表于《中学生学习报教育科研文摘》
王志云	2022年12月	初中信息科技数字化学习环境的构建与创新应用研究	惠州市2022年优秀论文评比二等奖
叶润平	2022年12月	后疫情时代小学信息技术项目式学习的策略	惠州市2022年优秀论文评比二等奖
叶润平	2021年12月	后疫情时代小学信息技术线上线下融合项目式教学探究	惠州市2021年优秀论文评比二等奖
林少雪	2022年3月	STEAM教育视角下的初中信息技术课程教学设计的探究	江门市论文评比三等奖
林少雪	2021年12月	初中信息技术学生作品的评价方法探究	发表于《江门教育》
林少雪	2021年12月	浅谈初中信息技术课渗透德育教育的策略	发表于《广东教学报》
叶润平	2021年11月	浅析新课程标准下创新小学信息技术教学模式的初探	发表于《广东教学报》
梁浩佳	2021年12月	基于微项目学习的应用，培养小学生信息意识的研究	肇庆市端州区一等奖
黄惠君	2022年12月	《学会用技术解决问题》读书报告	惠州市仲恺区二等奖
韩晶	2022年12月	指向核心素养的中小学科创教育实施策略与研究	鹤山市教育教学论文评比三等奖

6. 入室学员指导青年教师成长情况

2021年至2023年，入室学员指导了多名青年教师，帮助他们成长进步。

表5.14　广东省杨明欢名教师工作室入室学员指导青年教师成长情况

姓名	时间	指导对象姓名及单位	指导对象成长情况
朱晓辉	2021年10月	陈紫珊，蓬江区紫茶中学	获第三届广东省中小学青年教师教学能力大赛江门市赛初中信息技术特等奖
朱晓辉	2021年10月	杨坤，蓬江区杜阮镇楼山初中	获第三届广东省中小学青年教师教学能力大赛江门市赛初中信息技术一等奖
钟干平	2021年	刘燕东，惠东县惠东荣超中学	获广东省青年教师教学技能比赛惠州初赛二等奖
钟干平	2021年	刘启明，惠东县梁化第二中学	获广东省青年教师教学技能比赛惠州初赛二等奖
叶润平	2021年	谢文婷，龙门县龙城第五小学	获广东省青年教师教学技能比赛惠州初赛一等奖
叶润平	2021年	刘思思，龙门县永汉中学	获广东省青年教师教学技能比赛惠州初赛二等奖
钟干平	2021—2022年	李翠婷，惠州综合实验学校	获2021年惠州市信息技术论文一等奖；获第十届惠州市青少年机器人竞赛优秀教练员
钟干平	2021—2022年	郑家卫，惠东县平山第一小学	获2022年惠州市信息技术论文二等奖；获2021年惠州市信息技术教学设计一等奖
韩晶	2022年11月	张思明，鹤山市第一中学	获鹤山市2022年秋季中小学信息技术科技优质课（说播课）展评活动获一等奖
韩晶	2022年12月	张思明，鹤山市第一中学	获江门市高中信息科技青年教师教学能力大赛特等奖，并代表江门市参加省赛

（续表）

姓名	时间	指导对象姓名及单位	指导对象成长情况
王志云	2022年12月	陈文思，惠州市光正实验学校	获惠州市中小学信息技术学科优秀教学评选交流活动一等奖
朱晓辉	2022年12月	文翠红，江门市紫茶小学	获2022年江门市小学信息科技青年教师能力大赛一等奖
钟干平	2022年	邬健平，惠东县平山第一小学	获2022—2024年惠东县小学信息技术工作室主持人；2022年惠东县"山海人才"
黄惠君	2022—2023年	熊文文，惠州仲恺中学	获仲恺区片段课教学比赛一等奖；获青年教师教学能力大赛仲恺区一等奖
叶润平	2023年	吴子敏，龙门县平陵中心小学	获惠州市信息青年教师教学能力大赛二等奖
叶润平	2023年	叶梅灯，龙门县实验学校	获惠州市信息青年教师教学能力大赛二等奖
叶润平	2023年	钟泽贤，龙门县高级中学	获惠州市信息青年教师教学能力大赛二等奖

7. 入室学员辅导的学生获奖情况

2021年至2023年，入室学员辅导的学生获得了多个奖项。

表5.15　广东省杨明欢名教师工作室入室学员辅导学生获奖情况

入室学员	时间	活动名称	学生获奖等级及授奖单位
王志云	2021年9月	2021年广东省中小学科技劳动教育实践活动	二等奖2人，广东省教育厅
王志云	2022年11月	2022年广东省中小学科技劳动教育实践活动	二等奖2人，广东省教育厅
韩晶	2021年12月	第九届广东省青少年人工智能机器人编程展示交流活动	一、二、三等奖各1人，广东省科学技术协会

（续表）

入室学员	时间	活动名称	学生获奖等级及授奖单位
林少雪	2022年11月	2022年广东省中小学科技劳动教育实践活动	三等奖1人，广东省教育厅
韩晶	2021年10月	第四届江门市青少年机器人竞赛暨中小学"人工智能编程"成果展示活动虚拟项目	一等奖5人、二等奖3人、三等奖9人，江门市科学技术协会、江门市教育局
韩晶	2023年5月	第六届江门市中小学人工智能教育体验活动（创新编程类）	一等奖2人、二等奖2人、三等奖11人，江门市教育局
王志云	2023年3月	第二十一届惠州市青少年科技创新大赛	三等奖2人，惠州市教育局、惠州市科学技术协会
林少雪	2022年9月	第五届江门市中小学人工智能教育体验活动创新编程项目	一等奖1人、三等奖7人、实践优秀奖3人，江门市教育研究院
林少雪	2021年10月	第四届江门市青少年机器人竞赛——魔法编程赛	二等奖1人、三等奖2人，江门市教育局
林少雪	2023年5月	第六届江门市中小学人工智能教育体验活动（创新编程类）	一等奖1人、二等奖7人、三等奖13人，江门市教育局
韩晶	2021年10月	第四届江门市青少年机器人竞赛暨中小学"人工智能编程"成果展示活动实体项目	二、三等奖各1人，江门市科学技术协会、江门市教育局
韩晶	2022年8月	江门市第五届青少年机器人竞赛创客马拉松（高中组）	二、三等奖各1人，江门市科学技术协会、江门市教育局
王志云	2021年12月	第二十届惠州市青少年科技创新大赛	二等奖3项6人，惠州市教育局、惠州市科学技术协会
王志云	2022年6月	惠州市第四届创意机器人大赛	一等奖2人，惠州科技馆
林少雪	2022年8月	第五届江门市青少年机器人竞赛旋翼竞赛个人（初中组）	二等奖2人，江门市科学技术协会、江门市教育局
林少雪	2022年3月	江门市第八届"小小科学家"少年儿童科学教育体验市级展示活动	二等奖2人、三等奖4人，江门市教育局
林少雪	2022年6月	第五届江门市中小学人工智能教育体验活动专业编程类项目	二等奖2人、三等奖9人、实践优秀奖3人，江门市教育局

（续表）

入室学员	时间	活动名称	学生获奖等级及授奖单位
林少雪	2023年2月	2022年江门市中小学科技劳动教育实践活动	三等奖3人，江门市教育局
林少雪	2021年11月	2021年台山市"小小科学家"少年儿童科学教育体验活动	一等奖2人、二等奖3人、三等奖2人，台山市教育局、台山市科学技术协会

8. 为当地教育发展贡献智慧

（1）为广东省学生信息素养提升实践活动指南制定提供支持

广东省杨明欢名教师工作室主持人及导师团队在过去的四年中，积极参与了广东省科技劳动教育暨学生信息素养提升实践活动的指南制定工作，致力推动科技劳动教育的交流与展示，特别关注人工智能劳动实践的创新性发展。工作内容包括：

①制定开放性和创新性的活动交流规则和知识体系。

②注重培养中小学生的劳动素养，通过单元整体设计和项目式设计，弥补了过去研究中忽视的学生劳动素养和创造性劳动能力培养方面的不足。

③建立了"3+1+X"教育实践共同体，促进了协同发展模式，从点、线、面三个层面带动了全国科技劳动教育的协同发展。

④构建了多模态评价体系，利用智能技术采集多种数据，以更精确地测评学生的创造性劳动能力。

（2）为广东教育信息化教学应用实践共同体的项目指南制定提供支持

广东省杨明欢名教师工作室积极参与广东省教育信息化教学应用实践共同体的项目指南制定工作，协助形成具体政策举措，以促进广东省教育信息化的快速发展。工作室主要参与了"3+1+X"人工智能劳动教育共同体，取得了一系列特色成果，包括STEAM教育联盟、科创教育"顺德模式"等。

（3）为广东省名教师网络工作室的服务功能完善提供支持

工作室共同体积极利用广东省名教师网络工作室的服务平台，管理和展示了本项目的成员、活动、案例等信息。这一共享社区在广东省具有广泛的影响力，为广东教育信息化的发展提供了重要支持。

（4）为广东省教师信息素养提升实践活动指南制定提供支持

广东省杨明欢名教师工作室主持人及骨干成员积极参与教师信息素养提升实践活动融合创新教学案例作品的评价改革，以新课标和数字化转型导向，推动学科教学评价、技术融合应用的评价和特色创新相结合的评价体系改革。通过帮扶政策，促进了优秀教师的教学经验和资源向薄弱学校传递，推动了教师教育数字化转型和教育均衡发展。

（5）为地区教育政策实施提供支持

广东省杨明欢名教师工作室的入室学员积极推动相关教育政策的落地，深度参与当地相关教育政策的实施，为当地教育的发展提供了有力支持。

表5.16　广东省杨明欢名教师工作室入室学员服务当地教育政策制定参与情况

序号	姓名	时间	政策文件名称	担任角色
1	钟干平	2021年1月	惠东县中小学教师信息技术应用能力提升工程2.0实施方案	主持人
2	钟干平	2022年9月	惠东县中小学教师信息技术应用能力提升工程2.0"整校推进"绩效考核工作方案	主持人
3	钟干平	2021年7月	惠东县中小学教师信息技术应用能力提升工程2.0网络研修实施方案	主持人
4	朱晓辉	2021年7月	蓬江区中小学教师信息技术应用能力提升工程2.0实施方案	主持人
5	叶润平	2021年5月	龙门县中小学教师信息技术应用能力提升工程2.0实施方案	主笔
6	叶润平	2022年6月	龙门县中小学教师信息技术应用能力提升工程2.0"整校推进"绩效考核工作方案	主笔
7	叶润平	2021年6月	龙门县中小学教师信息技术应用能力提升工程2.0网络研修实施方案	主笔
8	叶润平	2023年2月	龙门县中小学校信息化工作和网络安全工作管理制度	主笔

（续表）

序号	姓名	时间	政策文件名称	担任角色
9	叶润平	2023年4月	龙门县教育系统网络与信息安全工作和应急预案	主笔
10	叶润平	2023年4月	龙门县教育系统网络安全工作责任制实施细则	主笔
11	叶润平	2023年4月	龙门县教育系统网络舆情管理办法	主笔
12	叶润平	2023年4月	龙门县教育系统网络舆情应急预案	主笔

　　以上这一系列令人瞩目的成就不仅是学员个人的光荣，也是工作室的骄傲。我们期待学员未来获得更多的成功和成就！